공정한
경제 생태계
만들기

공정한
경제 생태계
만들기

채이배가 말하는 한국 경제 위기의 유일한 해법

채이배 지음 (주준형 인터뷰)

헤이북스

일러두기

- 본문에 자주 언급되는 당명은 처음에만 정식 명칭을 적고 이후에는 해당 당이나 언론에서 사용하는 약칭을 사용했다. 다만 자유한국당과 미래한국당의 약칭이 한국당으로 같아서 자유한국당은 '자한당'으로, 미래한국당은 '미한당'으로 적었다. 바른미래당은 약칭을 사용하지 않지만 약칭 사용의 형평성과 원외정당 약칭 중에 미래당이 있는 점을 고려하여 '바미당'으로 적었다.

- 본문에 인용한 노래 〈돈키호테의 꿈〉의 저작권자를 한국음반저작권협회 등에 문의했지만 찾을 수 없었다. 이후에라도 저작권자를 찾게 되면 인용에 따른 저작권 협의를 하겠다.

- 한글맞춤법 표기 원칙에 따랐다. 문장부호 중《 》은 책, 신문, 잡지 등의 이름을 적을 때 사용했고, 〈 〉은 법률, 규정 등의 이름을 적을 때 사용했다.

프롤로그

2019년 3월, 주주들의 힘으로 재벌 총수가 경영에서 물러난 첫 사례가 기록됐습니다. 대한항공 제57기 정기 주주총회에서 창업주인 아버지에 이어 20년 간 최고 경영자 자리를 누려온 조양호 씨가 대표이사직을 상실한 일입니다. 2대 주주인 국민연금공단과 소액주주들이 힘을 모은 결과입니다. 또한 뜻 있는 분들과 함께 재벌개혁을 통한 기업지배구조 개선으로 공정한 경제 생태계를 만드는 여정을 시작한 지 20년 만에 이룬 성과입니다. 계란으로 바위 치기가 축적되어 세상이 바뀌고 있습니다.

당시 대한항공 주총 현장에 주주의 위임을 받고 참석했습니다. 재벌 총수 일가의 황제 경영으로 기업 평판이 추락했고 경영 실적이 곤두박질쳤습니다. 게다가 부당한 일감 몰아주기와 총수 일가의 사익 편취 행위 등으로 기업에 큰 손실을 안

겼습니다. 기업에 막대한 손해를 끼치고도 책임지지 않는 총수는 주주의 심판을 받아야 합니다. 기업의 주인은 주주이기 때문입니다. 민주주의의 힘으로 자본주의 시장의 권한과 책임이 균형을 이루는 여정이 한 걸음, 한 걸음 앞으로 나아가고 있습니다.

다시, 새로운 길 위에 섰습니다. 2020년 대한민국은, 아니 전 세계는 코로나19가 불러온 재난 상황 속에 있습니다. 이번 재난은 금융 거품의 붕괴로 겪었던 금융 위기와 차원이 다른 실물경제 위기를 가져왔습니다. 국민 한 사람, 한 사람의 삶이 바뀔 것이고, 경제적 약자들의 삶이 더 심각하고 빠른 속도로 무너질 것입니다.

대한민국 정부는 전염병 확산을 막는 데 뛰어난 방역 시스템과 대처 능력을 보여줬습니다. 이제 경제 불황을 얼마나 최소화하며, 앞으로 또다시 이런 '예측 불허의 재난이 발생했을 때 회복 탄력성이 높은 경제를 만들 수 있는가'라는 중요한 과제가 남아 있습니다. 국민경제의 기반인 기업의 지배구조를 개선하고 재벌 대기업 위주의 기울어진 운동장이 균형을 잡을 수 있도록 대-중소기업 간 공정 경쟁 시스템을 세우는 일이 필요합니다. 시장은 경쟁이 공정할 때 부가가치가 최대화됩니다. 시간이 걸리는 일이며, 이 모든 이해관계를 조정하고 민주주의의 힘을 견인할 정치가 역할을 해야 합니다.

소득 불평등의 양극화 문제를 지적한 《21세기 자본》(Capital

in the Twenty-First Century, 2014)의 저자인 토마 피케티Thomas Piketty가 2020년 5월 초 언론 인터뷰에서 말한 '코로나19 팬데믹(pandemic, 세계적 감염병 대유행)이 공정한 사회를 회복시킬 수 있는 기회로 작용할 수 있다'는 전망은 의미 있는 주장입니다. 특히 피케티는 '진보는 사회 안전과 진보적인 조세체계를 마련하고 재산권 체계를 바꾸려는 정치적, 지적인 운동에 의해 일어난다'며 '우리가 해결할 필요가 있는 문제들을 해결하는 데 위기에만 기대서는 안 된다'고 각성을 촉구합니다.

회계사로, 시민운동가로, 국회의원으로 직은 바뀌었지만 저의 업業은 하나였습니다. '민주주의의 힘으로 기득권에 맞설 수 있는 공정한 경제 생태계를 만들자.' 새로운 경제의 오래가는 변화를 만들어내기 위해서는 '정치가 바뀌어야' 합니다. 지난 4년간의 의정 활동을 통해 얻은 깨달음입니다. 고군분투 끝에 통과된 경제개혁 법안 하나는 기득권 중심의 정치구조 안에서 바람 앞의 등불이었습니다.

'경제개혁보다 정치개혁이 우선'입니다. 다양성을 존중할 수 있는 정치, 약자에게 힘을 실어줄 수 있는 정치, 견제와 균형을 이룰 수 있는 정치가 가능할 때 새로운 경제의 오래가는 변화를 만들어낼 수 있습니다. 기득권 중심의 정치로는 공정한 경제, 공정한 사회를 만들어갈 수 없습니다.

4년 전인 2016년 5월, 경제민주화 전문가로서 국민의당 비례대표로 20대 국회에 등원했습니다. 기득권 중심의 정당이 아니라 견제와 균형을 만드는 제3지대의 정당이었기에 선뜻 정치에 참여했습니다. 그러나 4년 동안 국민의당은 합당과 분당의 과정을 거쳐 세 번째 이름인 민생당으로 남게 됐고, 21대 총선에서 국민의 마음을 얻지 못했습니다. 제3지대의 정치는 실패했고, 시행착오를 기록했습니다. 저는 좋은 경쟁은 사라지고 나쁜 경쟁만 남은 국회에 대한 책임감을 갖고 21대 총선 불출마를 선언했습니다.

'끝이 아니라 시작'입니다. 과잉 의석을 차지한 더불어민주당(이하 '민주당')이 그 기득권을 내려놓고 설득과 타협의 정치를 얼마나 할 수 있는가는 코로나19 이후의 경제 위기를 극복하는 관건이라 생각합니다. 또한 21대 국회의 승패와, 그 중간에 치러질 2022년 20대 대선의 승패를 가늠할 것입니다. 그래서 저의 기록을 남깁니다. 제3지대의 정당 비례대표가 경험한 고군분투와 시행착오가 21대 국회의 정치개혁과 경제개혁의 밑거름이 되길 바랍니다. 기득권에 맞서는 민주주의의 힘과 중도中道의 정치가 회복 탄력성 높은 사회를 만들어갈 것입니다.

지금껏 그래왔듯이 새로운 길 위에서 저의 업을 이루기 위해 한 걸음, 한 걸음 앞으로 나아가겠습니다. 감사합니다.

2020년 5월
채 이 배

차 례

경제민주화를
위하여

1

'공정 경제'로의
여정

코로나19와
삼성 이재용의 사과

주준형 (이하 '주') 많은 정치인들이 총선 출마 전에 그간의 의정활동을 홍보하고 미래의 비전을 제시하는 의정보고서나 책을 펴냅니다. 선거에서 유권자의 마음을 얻기 위해서지요. 그런데 채 의원은 총선 불출마를 선언한 후에 갑작스레 책을 내겠다고 해서 그 이유가 무척 궁금했습니다.

채이배(이하 '채') 2016년에 국민의당 비례대표로 20대 국회에 등원했습니다. 경제민주화 전문가로 얻은 역할이었고, 제3지대 정당의 국회의원으로서 그 책임을 다해야겠다 생각했지요. 책을 내야겠다 결심하게 된 이유도 같습니다. 크게 세 가지 이유를 말할 수 있습니다.

첫째, 코로나19 팬데믹 여파로 이전에 경험하지 못한 새로운 전 세계적 경제 불황 앞에 서 있습니다. 소득 불평등의 양극화 문제를 지적한 《21세기 자본》의 저자인 토마 피케티도 2020년 5월 초 언론 인터뷰에서 말한 '코로나19 팬데믹이 공정한 사회를 회복시킬 수 있는 기회로 작용할 수 있다'는 의미 있는 전망을 했습니다. 특히 피케티는 '진보는 사회 안전과 진보적인 조세체계를 마련하고 재산권 체계를 바꾸려는 정치적, 지적인 운동에 의해 일어난다'며 '우리가 해결할 필요가 있는 문제들을 해결하는 데 위기에만 기대서는 안 된다'고 각성을 촉구했습니다. 저도 적극 동의합니다.

그러나 2020년 5월 6일 삼성전자 이재용 부회장의 대국민 사과에서도 확인했지만, 우리나라 대기업은 아직도 공정한 사회를 만드는 데 역할을 못하고 있습니다. 이 부회장은 '자녀들에게 경영권을 물려주지 않겠다'고 선언했습니다. 그것이 우리나라 재벌 대기업의 한계입니다. 경영권은 총수가 세습하는 것이 아닙니다. 경영권은 주주들이 결정할 문제예요. 아직도 이 부회장은 삼성그룹을 개인회사로 생각하고 있고, 자본이나 주식에 대한 인식 수준이 낮은 겁니다. 재벌 총수 일가뿐 아니라 이 부회장의 말에 동조하는 국민들도 공정한 사회, 공정한 경제에 대한 생각의 전환이 필요합니다. 그것이 제 의정議政의 목표였고, 의정활동을 정리해서 국민 여러분들과 공유하는 것이 필요하다고 생각했습니다.

둘째, 지난 4년 동안 거대한 정치적 변화가 있었습니다. 2016-2017년의 촛불혁명으로 박근혜 대통령이 탄핵되고 19대 대선이 앞당겨졌으며, 정권이 바뀐 후 치른 2020년 21대 총선에서 최초로 집권 여당이 절대다수의 의석을 확보했어요. 코로나19라는 전대미문의 팬데믹 사태에도 불구하고 투표율은 가장 높았습니다. 제3지대 정당으로 시작했던 국민의당은 합당과 분당을 거쳐 민생당이라는 이름으로 총선을 치뤘고, 국민의 마음을 단 한 석도 얻어내지 못했어요. 21대 국회는 제3지대가 멸종하다시피 한, 힘 있는 거대 여당 체제로 시작하게 됩니다.

제가 의정활동 4년 동안 얻은 깨달음은 '경제개혁보다 정치개혁이 우선'이라는 겁니다. 또한 정치도, 경제도 균형과 견제가 가능할 때 가장 큰 가치를 만들어갈 수 있다는 겁니다. 정치가 바뀌어야 경제가 바뀌고, 국민의 삶이 바뀝니다. 그 바람으로 제3지대 정당의 의원으로 고군분투한 경험, 제3지대가 겪은 시행착오를 기록으로 남기고 싶었습니다. 무엇보다 극한 위기의 상황에서 가장 높은 투표율로 응답해준 수준 높은 국민들과도 대화를 나눌 수 있는 기회를 만들고 싶었고요.

셋째, 소액주주운동부터 시작하여 재벌개혁, 금융개혁, 노동개혁, 규제개혁, 재정개혁, 공공개혁 등 공정한 경제 생태계 조성을 위한 경제구조개혁을 주장해온 사람으로서 그동안 많은 경험을 했고 여러 대안들을 제시해왔습니다.

공정 경제를 위해 아직도 해야 할 일이 많은 상황인데, 코로나19 사태로 더 많이 일을 해야 한다 생각해요. 특히 코로나19 팬데믹으로 인한 경제 위기는 과거의 경제정책으로는 극복할 수 없을 것입니다.

그렇다면 다시 근본적인 원칙들을 들여다보고, 위기를 극복할 대안을 찾아야겠지요. 제가 가지고 있는 대안도 완벽하지 않지만 공유하고 싶었습니다. 문제의식만 있고 답이 부족한 부분은 21대 국회의 숙제로 제안하고 싶었고요.

소액주주운동에서
길을 찾다

주 국민들은 채 의원을 '재벌 저격수', '국회의원이 된 회계사', '장하성과 함께 소액주주운동에 참여한 재벌개혁가' 등으로 알고 있습니다. 제가 아는 채 의원은 20여 년 동안 공정한 경제 생태계를 만드는 일에 집중해왔습니다. 그 20년을 들여다보면 우리나라 경제민주화운동의 흐름도 함께 살펴볼 수 있을 것 같은데요. 먼저, 소액주주운동부터 이야기해볼까요? 공인회계사가 소액주주운동에 참여하게 된 계기가 궁금합니다.

채 저에게 붙여진 애칭(?)에 대해 해명 아닌 해명을 해볼게요.

4년 전 등원 당시 언론은 '재벌 저격수'라 호명했고, 기업은 '반시장주의자'라고 견제했었습니다. 항의를 할까 했어요.

(웃음) 언론 인터뷰에서도 수차례 무조건적인 재벌 저격수는 아니고, 오히려 시장친화주의자라고 이야기했습니다. 저는 20여 년간 시장의 원칙을 지키고, 기업의 가치를 보호하는 새로운 규칙을 제안해왔어요. 불법, 편법, 불공정 등으로 잘못된 재벌의 관행을 저격한 회계사가 자연스러운 소개일 것 같습니다.

그렇게 살아온 이유를 묻는다면, 제 인생의 첫 번째 전환점 이야기부터 해야겠습니다. 저는 아직도 저의 '키다리 아저씨'를 찾고 있어요. 1985년 1월에 제 삶이 송두리째 바뀌었습니다. 초등학교 때 선천성 심장병 판정을 받아 큰 수술을 받았어요. 교사였던 아버지 녹봉으로 4남매를 키우기에 빠듯했던 살림이었습니다. 익명의 독지가가 절반의 수술비를 기부해줬어요. 어린 나이에 제 삶이 사회와 연결된 것이라는 생각을 했습니다. 수술 전에는 아프다는 이유로 한글도 늦게 깨우치고, 구구단도 제때 외우지 않았던 천둥벌거숭이가 사회적 소명은 일찍 갖게 됐죠. 함께 살아가는 사람들을 도울 수 있는 일, 더불어 공익을 이루는 것이 제 삶의 화두가 됐습니다.

그렇게 선택한 대학의 전공이 행정학이었어요. 행정의 목표 자체가 공익 추구이지 않습니까. 그런데 실제 학문으로서의 행정학은 공익을 정의하기도 어려웠어요. 공익은 모두의 이익이 되는 것이라 할 수 있지만, 현실적으로는 모두가 조금씩 양보하고 손해를 보거나 타협을 해야 만들어지는 것입니다. 따라서 공익이라는 기준을 갖고 정책 결정,

정책 집행, 정책 평가, 피드백feedback 과정을 연구하는 행정학은 저에게 '답 없음'이었습니다.

저는 답이 명확한 수학을 좋아하는데, 행정학이 적성에 맞지 않다고 생각하던 중에 회계학 책을 읽게 되었습니다. 모든 게 숫자로 표현되고, 대차貸借의 원리로 정확한 답을 내는 것이 저를 확 사로잡았죠. 본격적으로 경영학 수업들을 듣기 시작했습니다. 기업의 이익과 가치를 최대화하는 분명한 목표를 갖고 인사, 재무, 조직, 마케팅 같은 방법론을 기술적으로 이용하는 경영학이 훨씬 쉽게 와 닿았어요.

결국 대학 졸업을 앞두고 진로를 회계사로 선택했습니다. 다만, 마지막까지 망설이게 하는 근본적인 고민 하나가 있었지요. 회계사라는 직업은 기업과 관련된 사적 영역의 일이고 제 꿈은 공익을 추구하는 공적 영역에서 일하는 삶인데, 과연 전혀 다른 두 길이 만날 수 있을까 하는 질문을 계속할 수밖에 없었습니다.

그때 장하성 교수의 수업에서 해답을 찾았어요. 1998년 삼성전자 주주총회에서 소액주주를 대신해 무려 13시간 30분 동안 경영의 문제점을 지적하고 돌아온 이야기를 해주셨어요. 장 교수는 1997년부터 참여연대에서 경제민주화위원장을 맡으며 삼성그룹으로 대표되는 대기업의 부당 내부 거래와 지배구조 문제에 정면으로 맞서고 있었습니다. 제가 갈 길이라는 확신이 들었지요. 시민운동이라는 공공의 영역에서 회계사라는 전문 자격과 능력을 갖고 경제민주화라는 공익을 만들어가는 일을 하겠다는 제 결심은 확고해졌습니다.

회계사 1차 시험에 합격하고, 2차 시험을 끝낸 후에 장 교수를 찾아갔어요. 그는 흔쾌히 참여연대 담당 간사 이름 과 전화번호를 포스트잇에 적어주었습니다. 한걸음에 참 여연대로 달려갔지요. 6개월 동안 매일 출퇴근하면서 자원 봉사 활동을 한 셈인데, 제 첫 사회생활을 참여연대에서 시 작했고, 그곳에서 앞으로도 평생지기로 함께할 동지들을 만났습니다. 저를 '장하성의 수제자'라고도 부르는데, 실 은 시민운동에 참여한 유일무이한 제자입니다. (웃음)

주 공익을 추구하는 공적 영역에서 일하는 삶이 꿈이었다고 했는 데, 국내 최대 회계법인에서 회계사로 일한 경험도 있습니다. 시 민단체로 바로 향하지 않은 이유가 있나요?

채 2001년 회계사 시험에 합격 후 2년의 수습 과정을 거쳐야 했죠. 삼일회계법인에서 금융본부 소속으로 3년을 일하면 서 국민은행의 감사팀에 들어갔는데, 그 은행은 미국 주식 시장에도 상장되어 있어서 한국 회계기준 감사와 미국 회 계기준 감사를 모두 받았죠. 3년 내내 국민은행이 제 회사 인 것처럼 다니면서 대출 채권 감사 업무를 맡았는데, 주로 IMF 외환 위기 때 구조조정된 기업의 대출 채권을 평가하 는 일이었어요. 이때 은행의 기업구조조정 업무를 알게 되 었고, 구조조정 대상 기업들에 대해서도 깊게 들여다볼 기 회가 되었습니다. 은행과 기업의 관계, 금융 전반에 대한 경험과 고민을 하는 기회였습니다.

　나아가 첫 직장생활의 경험과 배움이 있었습니다. 직장생활이란 게 그렇듯이 일도 힘들고 조직에 대한 불만도 있고 사람들과의 갈등도 있기 마련이죠. 하지만 저에게 이런 것은 중요하지 않았죠. 여기서 열심히 일하고 경험한 후에 경제민주화를 위해 일한다는 꿈이 있었기 때문입니다. 3년 차 되던 해에, 퇴사를 하면서 동료들에게 축하 인사를 많이 받았어요. 더 많은 월급을 받는 직장으로 가는 것이 아니었지만 다들 부러워하기도 했고요. (웃음) 꿈은 명사가 아니라 동사라고 하더군요. 저에게 회계사는 꿈이 아니고, 꿈을 이루기 위한 과정이었죠. 회계사 시험 공부하던 시절에 되새기던 노래 한 구절을 전할게요.

〈돈키호테의 꿈〉(노래공장, 1994)

……

인생은 또 다른 꿈을 향한 여행, 꿈의 연속일지니

더 이상 꿈을 찾을 수 없을 때 우리의 인생도 함께 사라지겠지

꿈은 우리의 삶, 삶은 우리의 꿈

삶이 끝나는 날까지 꿈을 찾아가리라, 꿈을 찾아가리라

주　그랬었군요. 회계사 업계에서는 이단아로 불리겠네요. (웃음) 기업과 사회, 국가에서 회계사의 역할을 무엇이라고 생각하나요?

채　회계사가 할 수 있는 일은 무한하게 확장 가능하다고 봅니

다. 학교 은사인 윤성식 교수는 늘 돈이 중요하다는 말씀을 했습니다. 조직에서 돈의 흐름을 알면, 그 조직과 구성원이 무슨 일과 역할을 어떻게 하는지를 다 알 수 있으니까요. 기업에서 '컨트롤러controller'는 재정을 관리하는 사람을 지칭합니다. 돈을 알면 기업을 통제할 수 있다는 것이죠. 그런 면에서 회계사는 기업의 중추에서 역할을 할 수 있는 전문가입니다.

공인회계사는 회계나 세무 전문가로서 기업의 조력자 역할로 만족해서는 안 됩니다. 국가가 인정해준 회계사의 역할을 협의로만 쓰지 않고, 광의로써 쓰임이 있길 바라는 거지요. 회계사는 회계정보라는 공공재를 만들어내고 공정한 납세의무를 이행하도록 돕는 대한민국 경제의 심판으로 역할을 할 수 있습니다. 회계사 스스로 공공의 영역에서 일하고 있다는 자긍심을 갖고, 그 역할을 해야 합니다.

특히 회계뿐 아니라 세무와 기업 관련 법제까지 익힌 전문가는 회계사밖에 없어요. 회계사는 기업지배구조(기업 경영의 통제에 관한 전체적인 체계, 의사결정시스템)의 전문 지식을 갖추고 있으며 지속 가능한 기업을 만드는 데 가장 좋은 추동력을 갖고 역할을 할 수 있습니다. 회계감사, 세무조정, 경영 컨설팅, M&A(합병&인수) 등을 할 때 지속 가능한 기업을 만들기 위한 관점을 가지고 일하면 지본주의 파수꾼이라는 회계사의 본연의 역할을 충분히 할 것이라 확신해요. 기업이 지속 가능해지면 지속 가능한 경제와 국가를 만들 수 있는 거죠.

참여연대와
경제민주화

주 참여연대는 '경제민주화'를 한국 사회의 과제로 처음 명명했습니다. 채 의원은 참여연대뿐 아니라 참여연대를 모태로 독립한 경제개혁연대, 경제개혁연구소, 좋은기업지배구조연구소에서도 전문가로 다양한 활동을 했습니다.

채 먼저 참여연대의 시작을 말씀드릴게요. 참여연대는 시민의 권리로 세상을 바꾸겠다는 취지로 1994년에 창립했어요. 시민들의 권리를 통해 정치권력, 경제권력을 감시하기 위해 사법 감시, 행정 감시, 의정 감시, 재벌개혁 등 다양한 분야에서 시민운동을 하고 있습니다. 또한 작은 권리 찾기 운동 같은 시민들의 권리를 확대하는 일을 하고 있죠.

경제개혁연대, 경제개혁연구소, 좋은기업지배구조연구소는 우리나라의 경제구조개혁을 위한 삼총사로 역할을 했어요. 참여연대의 경제민주화위원회에서 출발한 각각의 독립 조직이었습니다.

구체적으로 말씀드리면 '경제개혁연대'는 경제민주화의 최전선에서 즉각적인 논평과 활동 중심의 '액션 탱크'였어요. 주로 재벌개혁에 집중했습니다. 재벌의 잘못된 경영 행태를 지적하고, 정부의 재벌·금융정책의 개선 방향을 제안했지요. 통상 경제개혁연대가 재벌들의 문제점을 찾아 지적하고 설명을 요구하게 되고, 재벌들이 납득할만한 해명을 하면 수긍하지만, 그렇지 않으면 공정거래위원회·금융감독원·국세청·검찰 등 감독 당국에 조사·수사 등을 의뢰하거나 직접 소송에 나서기도 합니다. 이런 식으로 재벌들의 문제를 해결하고 직접 개선점을 제시하며 함께 변화를 이끌어냈어요.

예를 들어, 2008년 현대자동차 정몽구 회장 등에게 불법행위로 회사에 끼친 손해를 배상하라며 두 개의 주주 대표소송을 제기했을 때입니다. 한 건은 횡령 등 불법행위에 대한 손해배상으로 2010년 1심에서 750억 원을 배상하라는 판결이 내려졌고, 다른 한 건은 현대글로비스 부당 지원에 대한 손해배상으로 2011년 1심에서 826억 원을 배상하라는 판결이 내려졌지요. 1심 판결 이후에 정 회장 등이 항소를 포기하고, 5000억 원을 사회에 환원하겠다고 제안해 수용했습니다. 경제개혁연대가 현대자동차 주주들과 함께 노력하여 현대자동차로부터 약 1600억 원에 이르는 손해배상을 받았고, 주주들이 힘을 모아 재벌 총수의 변화를 이끌어낸 성과였어요.

'경제개혁연구소'는 전문성과 신뢰도를 높이기 위한 '싱크 탱크'로 구상했습니다. 국회와의 정책 네트워크 역할로 입법을 설득하기 위한 심층 사례를 연구해 정책보고서를 생산해냈지요. 제기 매년 빌표한 '일감 놀아수기 보고서'의 경우 재벌 그룹의 1800개 계열사 소유 구조를 분석하고, 그 회사들의 내부 거래를 분석해 일감 몰아주기 사례를 찾아내고, 일감 몰아주기로 재벌 총수 일가가 얻는 부당한 이익이 얼마인지 분석하는 보고서였어요. 꾸준한 보고서 발행과 발표로 제도 개선을 이끌어냈습니다. 이외에도 기업지배구조에 대한 연구, 재벌의 재무 건전성에 대한 연구, 대-중소기업 간의 하도급 거래에 대한 연구, 금융 통합 감독 시스템에 대한 연구, 조세정책에 대한 연구, 정부의 경제민주화정책 수행평가 등 국가와 기업으로부터 독립된 경제 싱크 탱크 역할을 해오고 있습니다.

'좋은기업지배구조연구소'는 변호사, 회계사 등 전문가들로 구성해 투자자들에게 기업지배구조에 대한 정보를 유료로 제공하고, 장하성 펀드로 알려진 우리나라 기업의 지배구조 펀드를 운영하는 자산운용사를 자문하여 얻은 수익으로 다른 두 단체를 재정적으로 지원하는 역할을 했습니다. 저는 펀드가 투자한 회사의 기업지배구조를 개선하는 전략을 짜고 실행하는 역할을 맡았어요. 대표적으로 외부에 드러나는 활동이 주주총회 참석인데, 거의 매년 5개 이상의 회사 주주총회를 준비하고 참여했었습니다.

1997년에 참여연대 경제민주화위원회가 본격적으로 활동을 시작했고, 제가 1998년부터 참여했으니까 20년이 넘는 기간 동안 이 단체들과 한길을 내어왔어요. 적수성연積水成淵이라고, 적은 양의 물도 쌓이고 쌓이면 큰 연못을 만듭니다. 최고의 전문성과 경험을 가지고 있는 동료들이 계란으로 바위 치기에 여전히 함께하고 있습니다.

주 한국 경제가 재벌들의 독식 체제로 되어온 과정은 뒤에 이어서 이야기하도록 하고요. 경제 관련 용어들 중 중요한 몇 가지 개념부터 정의해야겠습니다. 먼저 '경제민주화'가 어떤 의미인지 설명해주시겠어요.

채 자본주의 사회는 경쟁으로 지속 가능합니다. 문제는 경쟁의 결과가 독과점에 이르면 경쟁을 할 수 없게 된다는 것이에요. 제대로 된 자본주의는 경쟁이 지속적으로 가능한 시스템입니다. 즉, 시장은 어느 특정한 경제 세력이 독점하는 곳이 아니라 공정하게 경쟁할 수 있는 곳을 뜻합니다. 공정한 경쟁이 경제 생태계의 전체, 모든 시장의 참여자가 얻을 수 있는 부가가치를 최대화하지요,

재벌 대기업 중심으로 성장해온 한국 경제는 대기업과 중소기업이 경쟁할 수 없는 불공정한 경제 생태계가 되었어요. 기울어진 운동장은 효율적이지도 않고, 효과적이지도 않고, 심지어 지속 가능하지도 않습니다. 이러한 경제 생태계에서 일하는 노동자들의 안정성과 소득도 불공정하고 불평등해요. 또한 기업 내 일자리는 부족하기에 자영업으로 밀려난 소상공인과 자영업자들에게도 시장은 불공정합니다. 우리 사회의 모든 삶은 다 연결되어 있어요. 기울어진 운동장을 바로 잡고, 일하는 모든 노동자와 모든 기업이 공정하게 경쟁할 수 있도록 하는 누력이 경제민주화입니다.

경제민주화의 출발점은 좋은 기업을 만드는 일이에요. 홀로 할 수 있는 일이 아니며 경제주체인 정부와 기업, 국

민 모두의 역할이 필요합니다. 참여연대 경제민주화위원회는 재벌의 경제력 집중과 계열사들 간의 부당 거래 문제를 제기하는 데 집중했습니다. 특히 재벌 총수들과 가족들이 불법으로 가져간 회사 재산을 되돌리기 위한 소송을 제기했고요. 주주총회에 참석해서 이를 지적하고 재벌 일가의 부당한 상속이나 증여에 과세를 요구하는 활동에 열심이었지요. 이 모든 것은 기업지배구조를 바꾸려는 노력이었습니다.

참여연대 경제민주화위원회의 활동 초기에 5대 그룹을 대상으로 소액주주운동을 벌였습니다. 긍정적인 사례로 SK그룹을 들 수 있는데, SK그룹은 삼성그룹이나 현대자동차그룹과는 달리 대화를 통해서 문제를 해결하려는 원칙을 갖고 있어서 소송까지는 가지 않았어요. 참여연대가 최태원 회장이 SK C&C를 통한 회사 기회 유용(會社 機會 流用, 기업의 이사나 경영진, 지배 주주가 회사의 이익을 볼 수 있는 사업 기회를 이용하여 자신이 부당하게 이익을 얻는 일) 한 것을 문제 삼자, 1998년 30%의 지분을 SK텔레콤에 무상으로 넘기기도 했습니다. 또한 2003년에는 최 회장이 SK글로벌의 1조 5000억 원의 분식 회계 사건으로 구속된 적이 있었어요. 당시 소액주주들과 참여연대가 기업지배구조 개선을 요구했고, SK그룹도 독립적인 사외이사 선임 등을 수용하는 방식으로 함께 문제를 풀기 위해 노력했습니다.

이렇게 참여연대 경제민주화위원회 활동을 통해 주주들의 힘으로 기업이 바뀔 수 있고, 시민들의 힘으로 시장을 바꿀 수 있고, 결국 대한민국 경제구조를 바꿀 수 있다는 깨달음을 얻었습니다.

주 소액주주운동이 기업지배구조 개선을 위한 시민들의 참여를 독려하는 적극적인 해결책이 되는군요. '기업지배구조'라는 개념도 설명해주시지요.

채 자본주의에서 부가가치를 생산하는 기본단위로 가장 보편화된 기업 형태가 주식회사입니다. 회사는 더 많은 이익과 가치를 창출하기 위해 노력합니다. 기업지배구조는 이러한 기업의 목표를 달성하기 위한 주주, 이사회, 경영진, 감사 등 기관 간의 권한과 책임의 관계를 말합니다.

회사의 주인은 누구일까요. 회사 설립에 돈을 투자한 주주, 회사를 운영하는 경영진, 현장에서 일하는 노동자, 자금을 빌려준 은행, 물건과 서비스를 구매하는 소비자, 핵심 부품을 납품하는 하청기업, 기업이 존립하는 체제를 유지하는 사회까지 이 많은 이해관계자들 모두가 다 주인이라고 이야기할 수 있겠지요. 하지만 회사라는 제도는 주주가 출자한 자본을 바탕으로 설립됩니다. 회사가 성장하고 유지되는 동안 다른 이해관계자들에게 이익을 분배한 후 최종 몫을 주주가 갖지요. 파산하는 경우에도 주주들이 최종적인 책임을 집니다. 회사의 주인은 법률적으로 회사의 출생부터 사망까지를 책임지는 주주예요.

주주는 기업의 운영에 어떻게 권한을 행사할 수 있을까

요. 민주주의에서의 정치 작동 방식과 유사합니다. 기업의 민주주의는 정치에서의 의원내각제와 비교할 수 있어요. 의원내각제 통치구조에서 국민은 투표로 의원을 선출하고, 국민의 대의기관인 의회(입법부)는 내각(행정부, 집행기관)의 구성원인 총리와 장관들을 임명할 권한을 갖습니다. 의회는 입법, 예산 심사, 국정감사, 정책 제시 등 국가 운영의 핵심적 역할을 하지요. 행정부, 입법부, 사법부는 삼권분립으로 견제와 균형의 원리에 따라 작동합니다.

좀 더 쉽게 말씀드리고 싶어 정치와 비교했어요. 기업에서도 주주가 대의기관인 이사를 선출해 이사회를 구성합니다. 이사회가 집행기관인 경영진을 선임하고 감시·감독하는 핵심적 역할을 하지요. 마찬가지로 경영진(행정부·집행기관), 이사회(입법부), 감사기관(사법부) 간의 삼권분립에 따른 견제와 균형의 원리가 작동해야 합니다. 다만 기업에서는 감사기관도 주주가 선출해요. 그 부분은 정치와 다르지요.

주 말씀을 듣다 보니 회사의 주인은 주주이고, 주주만을 위해 존재한다는 오해를 가져올 수도 있다는 생각이 듭니다. '주주 자본주의'에 대한 비판도 있는데요.

채 맞습니다. 회사의 목표가 이익과 가치를 창출하는 것인데, 더 많은 이익과 가치를 만들어 주주가 다 가져가려고 보는 관점이 주주 자본주의 관점입니다. 주주가 갖는 최종 몫이 당기순이익을 통한 배당이기 때문에 당기순이익만 극대화하려다 보면 다른 이해관계자들에게는 피해를 줄 수 있기 때문에 비판을 받습니다.

제가 회계사이니, 기업의 손익계산서상의 항목으로 이해관계자들을 엮어 설명해보겠습니다. 손익계산서의 출발은 매출액입니다. 매출액은 소비자들과의 관계입니다. 기업이 더 많은 매출을 올리려고 부당하게 높은 가격을 매기면 소비자는 손해를 봅니다. 다음은 매출원가입니다. 매출원가(제조원가)는 제품을 만드는 데 들어가는 노무비, 원재료비 등으로 구성됩니다. 노무비를 아끼려고 노동 착취를 하고, 원재료비를 아끼려고 하청기업에게 납품 단가를 후려치면 노동자와 하청기업이 힘들어집니다. 이런 식으로 기업과 거래 관계를 맺는 이해관계자들은 정말 다양합니다. 심지어 영업 과정에서 접대를 위해 술집에 간다면 이런 술집도 기업의 이해관계자죠. 세금을 납부하므로 국가도 이해관계자입니다. 비용을 아끼려고 술값도 제대로 안 주고, 탈세도 하면 안 되는 거죠.

결국 주주가 혼자 더 많은 이익을 얻겠다고 소비자, 노동자, 하청기업, 거래처, 국가 등을 속이면 그 기업은 오래가지 못할 것입니다. 즉, 주주의 이익만을 위해서 경영하는 기업은 지속 가능하지 못합니다. 그래서 나온 개념이 기업의 사회적 책임, 지속 가능성, '이해관계자 자본주의'입니다.

회사의 주인이 주주라는 설명을 드렸지만, 주주만의 이익을 위해서 회사가 운영되어야 한다고 생각하지 않습니다. 기업이 지속 가능하려면 모든 이해관계자들이 공정한 대우를 받는 공정한 경제 생태계를 만들어야 하고, 이를 만들어내는 것은 기업의 주인인 주주의 역할이라고 생각합니다. 즉, 주주가 지속 가능한 회사를 만들기 위해 노력하는 것은 기업지배구조 개선, 경제민주화와 함께하는 것입니다.

경제구조를
바꿔야 한다

좋은
기업지배구조

주 기업지배구조를 개선하면 경영진, 이사회, 감사기관의 삼권분립에 따른 균형과 견제가 가능해진다고 했습니다. 그런데 재벌이 독식하는 한국 경제의 현실에서 어떻게 가능할까요?

채 계란으로 바위 치기 20년째입니다. (웃음)

한국 경제를 좌지우지하는 재벌들을 보면 재벌 총수나 총수 일가가 실제 소유하고 있는 주식의 비중은 10% 미만이에요. 2019년 통계에 따르면, 상위 10대 기업의 총수 지분율은 0.9%에 불과하며 총수 일가를 포함하더라도 2.4% 수준입니다. 구체적으로 삼성의 총수 지분율은 0.9%, SK

0.5%, 현대중공업 0.6%, 금호아시아나 0.6% 수준이에요. 어떻게 보면 소수주주인데, 의사결정은 100% 합니다. 분산된 주식을 가진 소수주주들의 목소리는 무시되죠. 공정하지 않습니다. 총수는 가진 것에 비해 너무 많은 권한을 행사하고 있어요. 권한을 행사한 만큼 책임도 지지 않습니다. 우리나라의 재벌은 총수가 적은 지분을 갖고 있음에도 '절대' 주주이자 경영진이자 이사회의 대표예요. 또한 경영진과 이사회를 감시·감독할 감사도 총수가 정합니다. 무소불위의 권한을 독식한 재벌 총수가 전횡적으로 권한을 행사하고, 책임을 지지 않는 경영 방식으로 지금껏 버텨왔지요.

그 부작용이 이제는 기업의 경쟁력을 둔화시켜 경제 생태계를 망가뜨립니다. 우리나라 재벌의 문제점이 공론화됐고, 이것을 근본적으로 바꾸자는 것이 '좋은 기업지배구조'를 만드는 핵심입니다. 기업의 주인인 주주가 지배구조의 근간이므로 좋은 기업지배구조는 소수주주들이 목소리를 낼 수 있는 구조입니다. 마치 국민들의 뜻을 많이 수용할수록 국가가 국정 운영을 잘할 수 있는 것처럼 말이지요. 재벌 총수 외의 소수주주들이 나서서 목소리를 내야 기업의 민주주의가 작동하고, 기업 가치가 최대화될 수 있습니다. 소액주주들의 주총 참석, 주주 제안과 같은 작은 변화가 축적되어 좋은 기업지배구조라는 거대한 변화에 이를수 있고 공정한 경제 생태계가 만들어질 수 있습니다. 좋은 기업지배구조는 기업의 주주, 이사회, 경영진, 감사기관이 공정하게 권한을 행사하고 그만큼 책임지는 것이죠. 권한과 책임이 공정하게 작동하면 기업이 안팎으로 공정한 경쟁을 할 수 있습니다.

주 그래서 최근까지도 대한항공, 한진칼 주주총회에 참석했군요. 1998년 참여연대의 주총 참석 이후 소수주주들도 주총에 참석해서 목소리를 내기 시작했습니다. 자연스럽게 한 걸음, 한 걸음 나아가고 있는 것 같습니다. 매년 3월이면 언론의 경제면은 기업들 주주총회 취재로 채워지는 것이 연례행사가 됐습니다.

채 2019년 대한항공 주총에서 조양호 회장의 이사 선임을 부결시켰습니다. 결과로 확인했듯이 주주들이 더 이상 총수의 잘못을 눈감아주지 않는 최소한의 분위기가 만들어진 겁니다. 개인투자자, 기관투자자가 함께 뜻을 모아 불법 경영진은 재선임할 수 없다는 기업의 새로운 규칙을 주주의 힘으로 만들어낸 것이지요. 경영진, 이사회, 감사기관 간의 삼권분립을 훼손하던 관행과 악습이 서서히 바뀌고 있어요. 주주들이 적극적인 주주 제안을 통해 사외이사 후보를 제안하거나 선임하는 흐름이 만들어지고 있습니다. KB금융지주의 경우에도 지분이 분산되어 있어서 2015년 경제개혁연대가 나서 사외이사를 추천하자 경영진이 이를 수용해 소수주주 추천의 사외이사를 선임하기도 했습니다.

주식회사라는 조직을 바꿀 수 있는 힘은 주주에게 있습니다. 민주주의의 힘만이 기업을 바꾸고, 재벌을 바꿀 수

2019년 3월 27일, 대한항공 주주총회에 참석한 채이배 의원이 총수 일가의 황제 경영 문제점을 지적하는 주주 발언을 하고 있다. 이날 주총에서 조양호 회장의 사내이사 연임안이 부결되었다. (사진 ⓒ 뉴스1)

있어요. 최고 경영자를 제대로 견제할 수 있는 이사회를 구성하는 일이 핵심입니다. 국회의원을 뽑는 것과 같은 이치입니다. 견제 받지 않는 권력은 시공을 초월해 부패하기 마련입니다.

주 한국경영자총협회(경총)에서는 기업지배구조를 개선하는 것은 기업 경영 안전성 제고를 해치는 규제 강화라고 주장하기도 합니다.

채 자신들의 경영권을 유지하고 세습하기 위한 기득권의 주장이지요. 이들은 경영권을 향한 어떠한 견제나 감시도 거부하죠. 경영권은 보호나 세습의 대상이 아니라 경쟁과 도전의 대상인데 말입니다. 더 좋은 경영진을 갖는 것은 기업을 위해 좋은 일인데, 이를 거부하고 나와 내 가족만이 경영할 수 있도록 해달라는 것은 21세기 자본주의가 아니라 시대에 한참 뒤떨어진 봉건주의적 사고방식입니다.

기업지배구조 개선은 자본주의 사회에서 경쟁이 가능토록 하는 최소한의 원칙이에요. 정부 주도의 경제성장 일변도에서 기업은 건강한 경제 생태계를 만들 수 없었고, 기본적인 규칙을 지키지 않았습니다. 자본주의 생태계 유지를 위한 최소한의 법치와 정의를 존중하자는 뜻이에요. 재벌을 해체하자는 이야기가 아닙니다.

국가와 기업의
새로운 관계

<u>주</u> 박근혜 정권 시절, 2015년 7월 전국경제인연합회(전경련)는 광복 70주년을 앞두고 30대 그룹 사장단이 참석한 가운데 성명을 발표하고 기업인 사면·복권을 (우회적으로) 요구하기도 했습니다. 전경련의 주장은 30대 그룹 매출이 사상 최초로 감소하는 심각한 위기 속에서 기업들은 경제민주화의 표적이 되거나 반기업 정서를 등에 업은 해외 자본의 공격을 받고 있다며 장기간 수사나 경영자 부재로 어려움을 겪고 있다는 것이었습니다.

<u>채</u> 네, 당시 광복절 특사로 최태원 SK그룹 회장, 이재현 CJ그룹 회장, 김현중 한화그룹 부회장, 홍동옥 한화그룹 여천 NCC 대표이사 등 경제인 14명을 포함한 광복절 특별사면과 특별복권 조치가 있었습니다. 이런 기업의 볼멘소리에 광복절 사면이 집행된 것이지요.

최순실 씨의 국정 농단 사태와 관련하여 이재용 삼성전자 부회장과 구본무 LG 회장, 최태원 SK 회장, 조양호 한진 회장, 손경식 CJ 회장, 정몽구 현대자동차 회장, 김승연 한화 회장, 권오준 포스코 회장, 신동빈 롯데 회장 등이 줄줄이 소환 조사를 받았을 때도 같은 이야기였습니다. 이때도 '기업 때리기'라고 입을 모았었지요. '연말 인사나 투자 계획, 인수·합병 등을 포함한 내년 사업 전략 등을 전혀 검토하지 못한다, 참고인 자격으로 수사를 받는 것만으로도

모든 게 다 멈춰 선다, 정권 말기마다 관행처럼 이루어지는 기업 때리기를 없애야 한다'고 말입니다.

그런데 총수 한 명 때문에 경영이 제대로 되지 않는다면, 그것이 더 근본적인 문제 아닐까요? 물론 기업의 최고 경영자는 중요합니다. 그렇지만 그 한 사람이 없다고 기업이 멈춰 선다는 것은 대통령이 없다고 나라가 멈춰 서는 것과 같지요. 21세기 자본주의와 민주주의 사회에서 일어날 수 없는 일입니다.

질문과 같은 논리는 과거에 만들어진 비정상적인 관행을 당연하게 받아들이고 있다는 증거예요. 총수의 전횡적 운영을 우리가 계속 인정하고 눈감아주겠다는 뜻입니다. 총수가 감옥에 가서 의사결정을 못해 기업이 어려워진다면, 망해서 모든 것이 없어지기 전에 보다 능력 있는 새로운 경영인을 만나서 기업을 살려야 합니다. 기업의 총수는 망할 수 있지만 기업은 망하지 않게 해야 하지요. 경영진을 바꾸든 지배주주(주식 총수의 과반수를 지니고 있으며, 주주 총회의 의사 결정을 마음대로 할 수 있는 주주)를 바꾸든 말입니다. 기업과 기업의 총수를 분리해서 생각해야 합니다.

우리나라 재벌들의 선례를 살펴보면, 불법을 저지른 총수들은 한 번으로 그치지 않았고 그 자녀들까지 불법을 물려받았습니다. 잘못을 저지르면 누구든 감옥에 가고, 회사에 손실을 끼치면 누구든 하루 빨리 기업 경영에서 손을 떼는 것이 기업과 국가 경제를 위해서 바람직해요.

주 한국 재벌 그룹들은 전부 2세대가 경영을 이어갔고 3세대들도 경영에 참여하고 있습니다. 심지어 4세대도 경영 수업을 받거나 임원으로 있는 곳이 있습니다. 2세대 재벌 총수들 중에는 상당수가 창업자인 아버지를 도와서 그룹의 초기 성장 과정을 경험하기도 했기에 절반의 창업 경험을 갖고 있다 할 수 있어요. 반면에 3세대들은 경쟁 없이 임원으로 승진하고 경영권을 이어받았거나 받을 가능성이 높습니다. 4세대들도 마찬가지고요. 이러한 재벌들의 가족 경영, 경영권 세습에 대해서는 어떻게 생각하나요?

채 삼성은 이재용, 신세계는 정용진, 현대자동차는 정의선, LG는 구광모 등 한국 재벌들은 3세 경영 체제에 접어들었습니다. 그런데 많은 경우 경쟁 없이 장자상속 원칙에 따라 후계자를 정하지요. 봉건시대도 아니고 지금이 어느 시대인데, 이런 것을 원칙이라고 하다니…….

2020년에 맞는 경영 승계의 원칙과 시스템을 갖춰야 합니다. 경영 능력이 있다면 총수 가족이 아닌 누구라도 경영의 권한을 가질 수 있어야 하지요. 경영 능력이 없는 사람이 재벌 총수의 가족이라는 이유만으로 경쟁 절차를 거치지 않고 경영을 하게 되면, 그 개인도 불행하고 기업도 불행합니다. 특히 경쟁을 하지 않는 비민주적인 방식으로 후계 구도를 만드는 것은 기업을 정말 망하게 하는 일입니다.

경영권 세습은 결코 바람직하지 않은 일이지만, 이러한 상황에서 그나마 형제간이라도 경영권 분쟁이 있으면 기업 지배구조가 개선되는 경우도 있지요. 경영권 분쟁도 일종의 경쟁 과정입니다. 그 경쟁 과정에서 불법행위 등 잘못된 과거를 털어내고, 주주들과 임직원의 마음을 얻기 위해 기업지배구조 개선 등 주주 친화 정책을 제시하지요. 결국 경쟁에서 이긴 사람이 주주들과 임직원 등에게 인정받아 경영권을 확보하고 그렇지 못한 사람은 도태됩니다. 이렇듯 경쟁은 기업 가치를 재평가하고, 미래 가치도 찾는 기회가 됩니다. 자본주의에서 경쟁은 공기와 같아요.

같은 맥락에서 롯데그룹의 형제 간 경영권 분쟁을 긍정적으로 봤습니다. 신격호 롯데 회장이 건강 문제로 2선으로 후퇴했을 때 신동주, 신동빈 형제의 난이 일어났었어요. 당초에는 일본 롯데그룹은 신동주가, 한국 롯데그룹은 신동빈이 각각 분리해서 경영할 것이라고 예상했는데, 신동주가 한국 롯데그룹까지 장악하려고 나선 것이죠. 일본 롯데그룹이 한국 롯데그룹의 지분을 확보하고 있으므로, 신동주가 그룹 전체를 장악하려고 시도한 거죠. 결국은 일본 롯데그룹의 계열사 임직원들과 주주들은 신동주가 아닌 신동빈의 손을 들어줬습니다. 이 과정에서 두 형제가 나쁘게 말하면 싸운 것이지만 좋게 말하면 경쟁을 한 것이고, 주주들과 임직원이 더 나은 신동빈에게 롯데그룹 전체 경영권을 맡긴 셈이죠. 경쟁이 없는 삼성보다 훨씬 긍정적이지요.

삼성뿐 아니라 많은 재벌들이 온실의 화초처럼 키운 외동아들이나 장자를 후계자로 삼고, 경쟁으로 성장할 기회를 주지 않아요. 해외 유학 후 바로 입사하여 실장-본부장-상무이사로 승진해서 또래와의 경쟁도 경험하지 않고, 경영 능력을 제대로 검증도 받지 않은 채 아버지의 권세에 무임승차합니다. 30대에 임원 하다가, 40대에 계열사 사장 하다가 나중에 회장인 아버지가 사망하면 그 직을 물려받는 식이 되니까 기업 내부에 경쟁 시스템이 부재해요.

소유와 경영을 분리하는 전문 경영인 체제로 전환을 하거나 무능한 경영진을 교체할 수 있는 경쟁이 가능한 승계 시스템을 새롭게 만들어야 합니다. 경쟁이 기업의 지속 가능성을 가르는 중요한 요소예요.

그런 면에서 한진그룹은 조양호 회장 사망 이후에 최악의 모습을 보여줬습니다. 조원태, 조현아, 조현민 3남매가 모두 불법행위와 부도덕한 행동으로 사회적으로 지탄을 받았고, 경영 능력도 검증받지 않았어요. 제 판단으로는 이 3남매는 워낙 개성이 강해서 한진그룹을 공동경영할 수는 없다고 봅니다. 한진그룹을 계열 분리해서 각각 형제가 재산을 나누어 갖고, 자신들은 경영에서 손을 떼고 전문 경영인 체제로 가는 것이 바람직하다고 봅니다. 실제로 2020년 한진칼 경영권 분쟁 과정에서 전문 경영인 체제로 가자는 분위기가 만들어졌는데, 재벌 3세도 자신이 경영 능력이 없다고 판단되면 경영에서 물러나는 것이 자신과 기업을 위해서 올바른 판단이 될 것입니다.

주 재벌의 역사는 1970년대부터입니다. 재벌이 국가 경제에서 차지하는 비중이 높고, 재벌들이 하지 않는 사업이 없을 정도로 거의 모든 사업에 진출해 있어요. 2018년 기준으로 30대 재벌 기업은 한국 기업들 총매출액의 약 28.1%를 차지하며, 그들의 자산 총액 비중은 국내총생산GDP 대비 87.3%입니다. 이러한 국가 주도 성장의 유산이 바위처럼 단단하게 자리 잡고 있는데, 어떻게 미래의 시장에서는 균형 있는 경쟁력을 확보할 수 있을까요?

채 일찍이 우리나라 산업은 재벌 형성 과정에서 나눠 먹기식으로 성장했습니다. 예를 들어 가전은 삼성전자와 LG전자, 자동차는 현대자동차와 기아자동차인데 그 또한 한 몸이 되었죠. 자동차 시장에서 쌍용과 르노삼성이 도전하고 있지만, 쉽게 경쟁할 수 없는 견고한 독과점 체제입니다.

국가의 지원과 시책으로 성장한 독과점 기업은 경쟁을 하지 않았기 때문에 일정 시점이 지나면 효율성이 떨어져요. 삼성전자는 예외적으로 세계적인 기업이 되었지만, 다른 기업들은 세계 시장에서 도약하기에는 한계가 있습니다. 중국 기업의 제품 질이 좋아지고, 전 세계의 경쟁이 치열해지는 상황에서 우리나라 기업들이 글로벌 시장에서 살아남기 위해서는 나름의 생존 방식을 기업 스스로가 찾아야 하는 거죠.

기업 경쟁력은 기업 내부의 경영에서부터 만들어진다고 생각합니다. 앞서 경영권 승계를 비판하면서 경쟁이 기업의 지속 가능성을 가르는 중요한 요소라고 말씀드렸습니다. 좋은 기업지배구조를 만드는 일은 기업이 경쟁력을 높이는 것이고, 국내의 독과점 시장을 벗어나서 세계 시장에서 경쟁하는 데 필수 조건입니다.

주 말씀하신 대로 재벌 성장의 이면에 자리한 정경 유착은 구시대의 유산입니다. 국가도, 기업도 이제는 새로운 관계가 필요하지 않을까요?

채 1970년대 국가의 역할이 기업과 함께 뛰는 러닝메이트였다면, 이제 국가는 기업과 기업이 공정하게 경쟁할 수 있는 경제 생태계의 심판이 되어야 합니다. 현재 우리 경제의 가장 큰 문제는 양극화예요. 시장의 공정한 경제 생태계를 만드는 일이 국가의 우선 과제입니다.

예측하지 못한 위기는 늘 찾아옵니다. 1998년 IMF 외환 위기, 2008년 글로벌 금융 위기 그리고 2020년 코로나19 경제 위기까지요. 대략 10년을 주기로 경제 위기를 겪으며 우리 사회는 대기업은 살아남고 중소기업은 힘들어지는 불평등을 경험했습니다. 시대적 과제가 양극화를 완화하고 경제민주화를 이루는 것이 되었죠.

기업지배구조 개선과 대-중소기업 간 불공정거래 근절, 산업에 대한 국가 주도가 아니라 시장 주도의 체질 개선이 필요합니다. 공정한 경제 생태계가 마련될 때, 위기에서의 회복 탄력성이 골고루 높아집니다. 기업은 시장에서 공정한 경쟁이 가능해지도록 거드는 역할인 거지요. 국가가 제도 개선을 통해 불법 경영 등 기업의 잘못을 바로잡고 좋은 기업지배구조를 만드는 일에 나설 때입니다.

공정한 경쟁으로의
전환

주 대-중소기업 간 불공정거래는 현재도 고질적으로 일어나고 있습니다. 대표적으로 2001년 삼성전자가 자체 감사에서 뇌물 증여 정황이 발견되었다는 이유를 들어 협력사 관계를 일방적으로 끊어버리는 일이 있었고, 이 여파로 7만 원이 넘던 주가가 폭락을 거듭하면서 2003년에는 1400원대로 내려앉는 등 경영 위기에 처한 주성엔지니어링의 창업자 황철주 사장의 토로가 사회적 이슈가 되기도 했었습니다. 최근인 2019년 11월에는 공정거래위원회가 롯데마트의 갑질을 적발했는데, 삼겹살데이 등 자체 할인 행사를 하면서 돼지고기 납품단가를 후려치고 납품업체 직원들에게 행사를 진행시켰다고 합니다. 다른 대형 마트들의 횡포도 반복되고 있습니다. 기업의 자발적인 반성과 개선을 기대하기는 어려워 보입니다. 아무래도 국가의 제도 개선이 필요한 일이겠죠?

채 대기업의 대표적인 불공정거래가 중소기업의 '기술 탈취, 인력 탈취, 단가 후려치기' 등입니다. 중소기업 입장에서는 대기업에 납품하는 것이 엄청난 기회이지만, 납품을 시작하는 순간 대기업에 목을 맬 수밖에 없는 상황이 되어버립니다. 수요 독점의 전속 거래 관계가 생기기 때문입니다. 대기업은 더 많은 이익을 내기 위해 중소기업의 납품 단가를 더 낮추게 하고, 기술이나 인력을 빼가는 등의 각종 갑질을 자행하죠.

이 문제를 해결하기 위해서는 중소기업들이 뭉쳐야 합니다. 사용자의 힘은 세고 노동자의 힘은 약하니까 노동자에게 뭉치도록 하는 권리를 준 것처럼, 중소기업도 단결해서 행동할 수 있도록 하는 제도가 필요합니다.

오래전부터 이런 해법이 제시되었고, 법안도 발의되었지만 재계의 반대로 통과가 요원하지요. 재계도 이제는 자신들의 생존을 위해서, 지속 가능한 경제를 위해서 공정한 경제 생태계를 함께 만들어가야 합니다. 더 이상 보수정당들만 믿고 경제구조개혁을 반대하고 막아낼 수 없음을 깨달아야 합니다.

주 불공정한 경쟁의 악순환 때문에 공정한 경제 생태계로의 전환이 힘겨워 보이네요. '일감 몰아주기' 문제의 최고 전문가로도 꼽히는 채 의원은 오랫동안 이 문제에 천착해 끊임없이 공론화해왔습니다.

채 '일감 몰아주기'는 공정한 경제 생태계를 막는 근본적인 문제라고 생각해서 오랫동안 연구하고 해법을 만들어왔습니다.

예컨대 회사마다 SI(System Integration, 시스템 통합) 업무가 많습니다. 만약 그룹 계열사들의 모든 SI 부서를 분리해 하나의 SI회사로 설립하고, 그 회사를 재벌 총수 일가의 것으로 한다면 어떻게 될까요. 계열사들이 기존에 내부에서 소화하던 업무를 총수 일가의 SI회사로 모든 일감을 몰아주게 되고, 그 이익은 총수 일가가 독식하게 되는 것이죠. 또한 재벌 총수의 SI회사는 계열사 물량을 확보해 손쉽게 안정화되는데, 시장에 있는 다른 SI기업들의 기회를 이 회사가 박탈하는 겁니다. 그리고 시장을 독과점적으로 장악하지요.

시장에서는 경쟁이 사라지고, 재벌 그룹마다 고만고만한 회사 여럿이 시장을 유지합니다. 우리나라가 IBM, 오라클, SAP 같은 세계적인 SI기업이 생길 수가 없는 까닭이지요. 물류 분야도 마찬가지의 이유로 UPS, 페덱스 같은 세계적인 물류 기업이 생기지 못하고 있습니다. 기술과 노하우 없이 계열사의 일감 몰아주기로 만들어진 기업이 시장질서를 왜곡하고 국민 편익까지 무너뜨리고 있어요.

주 우려가 큽니다. 그럼 재벌들이 어떻게 일감 몰아주기를 했는지 사례를 통해 한국 경제와 사회에 끼친 영향에 대해 이야기해보도록 하죠.

채 재벌 총수 일가가 개인 회사를 만들어 새로운 사업을 시작하면 그 시장에 있던 기존의 다른 기업들은 경쟁에서 배제가 됩니다. 돈이 돈을 낳지요. 상장회사가 돈을 많이 벌면, 또 돈을 벌 수 있는 새로운 다양한 기회들이 생깁니다. 당연히 그 기회를 누리면서 새로운 부를 창출하면 회사의 주주들에게 두루 이익을 공유해야 하죠. 문제는 이런 기회가 생기면 재벌 총수 일가가 부를 독식하기 위해 다른 회사를 하나 차려서 그쪽에서 돈을 벌게 합니다.

대표적인 사례가 현대차그룹의 현대글로비스입니다. 현대자동차는 부품 회사로부터 부품을 운송해 와야 하고, 자동차 제작이 완성되면 고객에게 차를 운송해 줘야 합니다. 특히 완성차를 고객에게 배송하는 것은 특별한 완성차 운반차량이 필요하기 때문에 자동차 회사에게는 중요한 부분이지요. 과거 현대자동차의 완성차 운송업체는 현대자동차와는 지분 관계가 없는 독립된 기업이었고, 직접 거래를 했습니다. 그런데 2001년 정몽구, 정의선 부자가 100% 출자해 현대글로비스를 설립했습니다. 현대글로비스는 완성차 운반차량을 보유하지 않고 물류주선업을 하기로 한 것이죠. 즉, 완성차 운반차량을 가진 주인(차주)과 현대자동차(화주)를 연결해주는 역할만 하는 것입니다. 따라서 큰 투자 없이 현대글로비스를 설립할 수 있었고, 중개 수수료를 받아 수익을 올렸습니다. 이렇게 땅 짚고 헤엄치기로 현대자동차그룹의 모든 물류에 관여해서 단기간 내 매출이 수조 원이 되었고, 그 이익은 모두 총수 일가의 주머니를 채웠습니다. 정상적인 기업이라면 현대글로비스는 현대자동차그룹의 계열사들이 출자를 해서 설립하고, 그 이익은 계열사들이 누렸겠지요. 결국 계열사들이 얻을 이익을 총수 일가가 가로챈 것으로, 계열사와 그 계열사의 주주들에게 손해를 끼친 것입니다.

또 다른 사례는 SK C&C입니다. SK C&C는 1996년 SK

그룹 전산실을 흡수하였고 1998년 SK그룹 12개 계열사의 IT 자산을 인수하여 계열사들에게 전산 용역을 제공했습니다. 다른 재벌 그룹들도 이런 식으로 SI업체를 설립하는 것이 유행처럼 번졌고, 이들 회사가 시장을 장악하고 있으며, 계열사의 일감을 발판으로 공공기관 및 비계열사로 영역을 확장하고 있어요. 결국 재벌과 연관이 없는 독립적인 SI업체들은 이들 회사의 하청기업이 되거나 문을 닫게 됩니다.

2019년 3월에 발표된 경제개혁연대의 보고서에 의하면, 일감 몰아주기 등 사익 편취 행위로 재벌 총수 일가 141명이 얻은 이익이 35.8조 원입니다. 앞서 언급한 정의선 현대차 부회장은 현대글로비스를 통해 2.5조 원의 부의 증식이 있었어요. 이렇게 얻은 이익은 결국 향후 정몽구 회장이 사망하면 상속세 재원이나 그룹 소유 구조를 개편할 때 지배권 강화 수단으로 사용될 것입니다. 최태원 SK그룹 회장도 2015년 6월 SK C&C와 지주회사 SK의 합병을 통해서 5조 원을 얻었는데다가 안정적인 지배권도 확보했고요.

대기업의 일감 몰아주기 문제는 크게 세 가지인데, 앞서 설명한 대로 회사의 기회를 총수 일가가 빼앗아 독식하면서 회사 가치와 주주 가치를 훼손하는 것이 첫 번째 문제이고요.

두 번째, 세금 없는 부의 대물림과 경영권 세습이 가능하게 됩니다. 재벌 총수가 만든 개인회사의 지분은 대부분 자녀들에게 연결됩니다. 재벌 총수의 자녀들은 땅 짚고 헤엄치기식으로 대주주가 되어 돈을 벌고 상속 재원을 마련하게 되고, 최종적으로는 정상적인 상속세를 내지 않고 기업의 경영권을 승계 받아요. 일감 몰아주기는 기업의 경영권을 승계 받는 부의 원천입니다. 자본주의에서 상속세는 공정한 출발과 세대교체를 만드는 시스템인데, 그 자체가 완전히 무너져버려요. 한마디로 재벌에게는 '세습 자본주의'가 가능하게 됩니다.

세 번째, 중소기업을 시장에서 배제시켜 공정한 경쟁 시스템을 붕괴시키고 한국 산업 전반의 경쟁력을 떨어뜨립니다. 일감 몰아주기는 계열회사를 부당하게 지원하는 불공정행위일 가능성이 높아요. 또한 내부 거래에 기반을 둔 성장은 특정 대기업집단의 경제력 집중을 심화시킬 뿐만 아니라 종국적으로 소수의 대기업집단 소속 회사들이 해당 업종에서 시장 지배적 지위를 확보하는 독과점 문제가 야기됩니다. 한편, 기업집단의 내부 거래 확대는 기존의 중소기업들과 대기업과의 거래를 단절하고, 중소기업이 시장 경쟁에서 배제되는 결과를 초래하며, 대기업의 하청기업으로 전락하여 불공정한 하도급 거래로 착취를 당하게 될 개연성이 높아요. 현대글로비스의 경우 화주와의 하청구조 문제, SK C&C의 경우 중소 SI업체와의 하도급 문제는 이미 사회적 문제로 알려져 있습니다. 시장 경쟁에서 출발점부터가 이미 불공정한 게임이며, 이러한 불공정은 산업구조로 고착화되어 창조적인 기업 활동을 가로막지요.

주 구체적인 사례를 들으니 채 의원이 꿈꿔온 '공정한 경제 생태계'가 먼 나라 이야기처럼 느껴집니다. 그래도 조금은 진척이 있지요?

채 경제개혁연대와 경제개혁연구소에서 활동하면서 2004년부터 대기업의 일감 몰아주기 문제를 지적하는 연간보고서를 펴냈습니다. 꾸준한 문제 제기가 쌓이자 2011년《조선일보》와《한겨레》가 보고서 내용을 1면에 기사화했습니다. 그만큼 일감 몰아주기 문제를 진영의 이념을 넘어 심각한 문제로 인식하게 된 겁니다.

공론화에 집중한 결과, 2011년부터 〈상법〉상 자기거래 승인 요건 강화, 회사 기회 유용 금지, 〈상속세 및 증여세법〉상 일감 몰아주기 및 회사 기회 유용 과세 도입, 〈독점규제 및 공정거래에 관한 법〉상 사익 추구 행위 금지 등 다방면에서 제도 개선이 이뤄졌어요.

하지만 여전히 일감 몰아주기는 만연해 있고, 앞서 언급한 문제들은 해결되지 않고 있습니다. 제도의 사각지대가 많고, 재벌들의 오랜 관행을 막기에는 허점이 많고 미흡했기 때문입니다. 20대 국회에 등원해서 이를 보완하려고 했는데, 재계를 의식한 정부·여당의 소극적인 태도와 보수야당의 일관된 반대로 더 큰 진척이 없었습니다.

처음 시작한 20년 전보다는 나아졌죠. 민주주의가 기업을 바꾸는 과정입니다. 더디게 변화하고 있어요. 계란으로 바위 치기를 해온 거니까요. 바위는 여전히 단단합니다. (웃음)

기업지배구조는 재벌 총수가 바뀌지 않으면 혁신하기가 어렵습니다. 세대교체가 필요하죠. 실제로 인적인 교체가 일어나면서 젊은 재벌 총수들이 사회적 압력에 순응하고 있어요. 예전에 국민을, 주주를 무시했던 재벌의 시대는 끝났습니다. 재벌이라 해도 사회적으로 문제가 되면 감옥에서 벌을 받는 사례들을 보면서, 사회와 대화해야 한다는 생각을 갖게 된 거고요.

특히 젊은 재벌 3세는 다양한 네트워크를 갖고 해외 유학 등을 통해 선진화된 경영을 고민하기 시작했어요. 예를 들어, 현대자동차의 정의선 부회장은 적극적으로 기업지배구조위원회도 만들고, 견제와 균형이 가능한 이사 선임 방식을 추진하고 있어요. 기존의 한국 사회 네트워크를 통한 내 사람 심기 방식이 아니라 전문성을 기준으로 이사를 선임했습니다. 현대차는 경영 위기를 지배구조 변화로 극복해보기로 한 거지요. 현대해상 정몽윤 회장의 장남인 정경선 씨가 외부에서 임팩트 투자(impact investing, 사회나 환경에 긍정적 영향을 주는 업체에 투자해 사회나 환경 변화를 일으키는 투자 방식) 회사 대표로 있으면서 경험을 쌓는 것도 인상적으로 보고 있습니다.

정치야,
경제 좀 개혁하자!

2

장하성과 안철수
그리고 정치 입문

안철수를
선택한 이유

주 회계사가 되기 전부터 시민운동을 했고, 회계사가 되어서도 시민운동에 전념하다가 2012년 9월 안철수 대선 예비 후보의 캠프에 합류하며 현실 정치와 처음으로 인연을 맺었습니다. 왜 안철수 후보였습니까?

채 장하성 교수의 선택을 따랐습니다. 전생에 제가 장 교수에게 뭘 잘못했는지 모르겠어요. 그러다가 또 생각하면 전생에 나라를 구한 것 같기도 하고요. (웃음) 저는 장 교수를 돕는 제자이자 동지이자 가장 만만한 일꾼이었어요.

당시에는 '안철수 현상'에 특별한 관심이 없었고, 오히

려 진보신당(지금의 정의당 전신 중 하나) 당원으로 종로구당
협위원회에서 풀뿌리 정치 활동을 열심히 했습니다. 당원
들과 함께 동네 소식지를 만들고 텃밭 가꾸는 일에 관심
이 많을 때였죠. 2010년 지방선거 때는 종로 구의원 선거
에 후보자를 선출해 득표율 10.74%라는 성과를 만들기도
했었습니다. 그랬던 제가 왜 갑자기 안철수 캠프에 갔느냐,
이 답변을 드리려면 먼저 장하성 교수는 왜 무소속인 안 후
보를 선택했는가를 말씀드리는 게 맞겠어요.

장 교수는 김대중 대통령이 당선자 신분이었을 때 이미
외환 위기 극복을 위한 경제개혁 정책의 틀을 만들어 제공
했고, 대통령 재임 때에도 지속적으로 제언했으며, 심지어
독대해서 의견을 전하는 기회도 가졌습니다. 이러한 경험
으로 장 교수는 정치에 대한 신뢰를 갖고 있었고, 국가 위
기 상황에서 정치 리더에게 힘을 실어줄 수 있는 전문가로
꼭 역할을 해야겠다는 마음을 가졌던 것 같습니다.

2012년 대선에서 모든 후보가 경제민주화를 이야기하
는 시대가 왔어요. 20여 년간 재야에서 경제민주화에 큰 역
할을 해온 장 교수에게 러브콜이 쏟아졌습니다. 문재인 민
주통합당(지금의 더불어민주당) 후보 캠프에서도 연락이 왔
고요. 그런데 무소속 후보를 지원하기로 결정한 이유는 정
치 기득권을 극복하기 위해서는 새로운 정치 세력에 기회
를 줘야 한다고 생각한 겁니다. 경제 양극화를 초래한 재
벌 기득권과 싸웠던 지난 삶과 같은 맥락의 결정이죠. 양당
기득권에 맞서는 무소속 후보를 지지하고 헌신한 겁니다.

2012년 대선 경선에서 사퇴한 안철수 후보의 정책 네트워크가 연속될 수 있도록 정책연구소를 만들고 소장도 맡았지만, 현실 정치에는 선을 그었습니다. 장 교수는 스스로를 자원봉사자로 생각했습니다.

주 채 의원은 당시 안 후보 캠프에서 200여 명의 각계 전문가들의 정책을 조율하고 공약을 생산하는 플랫폼을 총괄 운영했습니다. 시민운동과 현실 정치의 차이를 처음으로 느꼈을 것 같아요.

채 가장 큰 차이는 '당장 실현 가능한 대안을 제시하느냐, 아니냐'였습니다. 시민운동에서의 정책 제안이 뜬구름 잡는 이야기를 했다는 뜻은 아니에요. 다만 장기적으로 실현해야 하는, 현실적으로 어려워도 이상적인 대안을 제안해야 하는 입장이었습니다. 제가 대변해야 하는 이해관계가 명확했기 때문이죠. 대립하는 쪽의 이해관계까지 제가 고민하고 담을 필요가 없었습니다. 그러나 현실 정치는 모든 이해관계를 조율하고 책임져야 하는 것이기 때문에 지금 당장의 해결책을 마련하는 것이 옳다고 생각했어요.

3개월 정도의 짧은 기간이었지만 압축적인 배움이 있었습니다. 전문 분야인 경제를 뛰어넘어 제가 가진 공정함의 가치 프레임으로 복지, 보건의료, 과학기술, 문화예술 분야까지 다양한 전문가들의 제안을 조율하고 공약으로 결과물을 만들어낸 경험이었으니까요. 재벌개혁, 경제개혁만 외치다가 공약집을 만들며 분야별 최고의 전문가들과 엄청난 공부를 한 셈입니다.

당시 안철수 후보의 공약은 민생의 당장의 어려움을 해결할 수 있는, 5년 안에 실현할 수 있는 것들을 찾아내는 작업이었어요. 그 공약들은 안 후보의 태도와 생각의 결과였습니다. 공약을 만드는 과정에서, 또 토론을 하는 과정에서 안 후보에게 큰 호감을 갖게 됐죠. 국가 운영에 대한 책임감을 갖고 일을 해낼 수 있겠다는 믿음이 생겼습니다. 처음에는 장 교수 도우러 갔을 뿐 안 후보를 돕는 것은 아니라는 생각이었는데, 제 마음이 움직인 거죠. 시민운동을 하며 정치 참여는 터부시했는데, 현실 정치에 대한 생각도 열리게 됐습니다.

주 리더의 덕목으로 '진정성을 갖고 문제를 해결해가려는 의지와 자세'를 높이 사는군요.

채 '실현이 가능한가요?'가 모든 분야의 토론 과정에서 안 후보의 일관된 질문이었습니다. 예를 들어. 복지나 의료 혜택을 늘리는 것을 상징적인 '수치'로 홍보하는 것보다 '대폭 확대'로 이야기하고 실현 가능성을 높이자는 태도였어요. 5년 후인 2017년에도 같았습니다. 여성 장관 비중 50%가 진보 진영의 공통된 공약이었는데, 안 후보는 OECD(경제협력개발기구) 평균인 30% 정도가 가능할 것 같다는 주장이었죠. 포퓰리스트(populist, 일반 대중의 인기에 영합하여 일을 추진하는 사람)가 아닌 리얼리스트(realist, 현실의 조건이나 상태를 그대로 인정하며 그에 입각하여 사고하고 행동하는 태도를 가진 사람)였습니다. 실천 가능한 것을 항상 고민해서 제시하는 태도는 훌륭하다고 생각해요. 그러나 현실적인 정책이 국민의 지지로 이어지는 것은 아니지요.

장하성과의
다른 길, 같은 길

주 2012년 대선 후보 캠프의 인연 때문인가요. 2016년 국민의당 창당 때 현실 정치 제안을 받았고 비례대표 6번으로 20대 국회에 등원하게 됩니다.

채 2012년 대선 이후 다시 경제개혁연대로 돌아가서 공정 경제 확립을 위한 재벌개혁 활동에 집중했습니다. 그러면서 당시 안철수 의원의 싱크 탱크인 '정책 네트워크 내일'에서 공정성장론 등과 관련한 포럼에 패널로 참여했고, 안 의원이 의정활동을 할 때 조세와 관련한 조언을 했었지요.

이후 2016년 국민의당 창당 때 대선 캠프에서 같이 일했던 선배들이 '안철수의 공정성장론'을 실현시켜보자며 정치 참여를 제안했을 때 길게 고민하지 않습니다. 한국 경제구조개혁을 위해서 현실 정치에 참여하는 것도 좋은 방법이라 확신했어요. 정치는 저의 지나온 삶과 연속되어 있는 일이라 생각했습니다. 경제개혁연구소에서 정책보고서를 쓰고 법률안을 국회에 제안해왔는데, 정당과 국회에 들어가도 같은 일을 하고 오히려 국회의원이 되면 더 큰 힘을 가지고 속도감 있게 일할 수 있는 기회를 얻는 것이라고 생각했습니다.

또한 제3지대 정당인 국민의당이 거대 양당 사이에서 새로운 정치를 가능하게 할 수 있을 것이라 기대가 컸습니다. 경제나 정치나 마찬가지죠. 불공정한 경제 생태계처럼 정치도 기울어진 운동장을 가지고 있죠. 거대 기득권의 싸움으로 문제를 해결하지 못하는 정치. 그런 정치에서도 경쟁이 활발해야 가치가 최대화되겠죠. 제3지대 정당에서 한 사람의 시민이 현실 정치인이 되는 과정을 경험할 수 있겠다는 기대로 정치 입문에 더욱 만족했습니다.

주 그런데 이 선택이 장하성 교수와 정치적으로 다른 길을 가게 했습니다.

채 저는 2016년 총선에서 야당인 국민의당 비례대표로 국회에 입성했는데, 장 교수는 2017년 대선 이후 문재인 정부의 초대 정책실장으로 청와대에 입성했습니다. 재벌개혁 동지이자 스승과 제자인 두 사람이 정치적으로 마주서게 된 것이죠. 겉으로는 아이러니해 보이지만 경제민주화를 향한 두 사람의 마음은 언제나 한길입니다. (웃음)

문재인 정부가 장 교수를 초대 정책실장으로 임명한 까닭은 경제민주화라는 큰 방향성을 실현할 수 있는 적임자이기 때문이라 봅니다. 그런데 장 교수는 본인의 정책이 아닌 이미 대선 과정에서 만들어진 문재인 정부의 정책인 '소득 주도 성장'을 성공적으로 실행해야 할 책임을 맡게 된 거죠. 제가 아는 장 교수는 공정 경제를 평생 외쳐왔는데, 갑자기 최저임금 인상을 통한 소득 주도 성장에 집중해야 했습니다.

문 정부는 '소득 주도 성장, 공정 경제, 혁신 성장'이란 세 가지 경제정책이 동시에 진행되어야 하고, 동시에 추진되고 있다고 주장합니다. 저는 공정 경제가 먼저이고, 그 토대 위에서 소득 주도 성장도 가능하고 혁신 성장도 가능하다고 생각해요. 한국 경제의 양극화 문제는 대-중소기업 간의 격차에서 시작됐고, 그 격차가 각각의 소속된 기업의 노동자들의 임금격차로 나타나고, 특히 정규직이냐 비정규직이냐에 따른 고용 형태에 따른 임금격차가 양극화를 더 심화시킨 것이죠. 따라서 근본적으로 대기업의 불공정 거래를 근절하고, 대-중소기업의 상생 협력을 만들어내는 공정 경제가 없다면, 노동자들의 임금도 올릴 수 없고, 혁신 성장을 한들 그 성과는 다시 대기업만 누리는 것이지요. 저는 문재인 정부가 정권 초기에 공정 경제를 후순위로 미루고, 소득 주도 성장에 매몰된 것이 안타깝습니다.

장 교수와의 인연 때문에 일방적으로 변호하는 이야기가 아니라 (웃음) 청와대가 그의 능력을 십분 활용하지 못했다고 생각합니다. 그를 정책실장으로 영입했으면 그에 맞는 권한을 주어 이번 정부의 경제정책 방향을 설정하게 하고, 필요한 인재들로 경제정책팀도 꾸리게 했어야 합니다. 그랬다면 재벌개혁, 공정 경제를 최우선 과제로 삼고 보다 개혁적이고 전문성이 높은 사람들이 모여 그 일을 추진했을 거예요. 그러나 현실은 반대였지요. 기존 민주당과 대선 캠프 출신 그리고 파견 나온 공무원들로 정책실이 꾸려지고, 장 교수는 자신의 정책을 펼칠 수 없었고요. 결국 성과 없는 실패한 청와대 정책실이 되었습니다. 안타깝게도 지지율이 높았던 정권 초기에 경제개혁을 제대로 이루지 못한 셈입니다.

공정 경제를 위한
입법 활동

'공정성, 민생, 미래 사회'라는
입법 원칙

주 자, 이제는 본격적으로 국회에 등원한 초선 의원의 좌충우돌 고군분투기를 들어보고 싶습니다. 2019년 11월 '법제사법위원회(법사위)가 채이배위원회가 됐다'는 이야기가 있었습니다. 여야 원내대표 간에 합의 처리에 의견을 모은 법안들을 본회의 통과를 앞두고 강력하게 저지했다고요?

채 비례대표이자 초선 의원이어서인지, 아무리 동분서주하고 고군분투해도 안 되는 것이 더 많다는 것을 절감할 때였지요. 언급한 당시는 〈인터넷전문은행 설립 및 운영에 관한 특례법〉(이하 '인터넷전문은행법' 또는 '인행법') 개정을 막기 위한 저의 몸부림이 극에 달한 상황이었습니다. 가까운 동료 의원은 여야 합의된 법안에 번번이 쓴소리하는 것에 대해 오해를 살까 걱정도 해주더라고요. 제 의정활동의 원칙은 변함이 없었습니다. '공정성, 민생, 미래 사회'가 우선입니다.

〈개인정보 보호법〉, 〈정보통신망 이용촉진 및 정보보호 등에 관한 법〉(이하 '정보통신망법'), 〈신용정보의 이용 및 보호에 관한 법〉(이하 '신용정보법') 등 '데이터 3법'과 〈인터넷전문은행법〉 개정안 통과를 저지했을 때였어요. 이후에는 〈여객자동차 운수사업법〉(이하 '타다 금지법')도 있었습니다. 특히 〈인터넷전문은행법〉을 반대하면서 〈타다 금지법〉도 반대하는 것을 두고 '채이배는 얼굴이 둘이냐'라는 질문까지 받았었죠. (웃음) 저는 저성장을 타개할 수 있는 혁신 성장과, 신산업 육성을 위한 규제개혁에 적극 찬성합니다. 하지만 '공정한가', '민생에 편익을 주는가', '미래 사회에 도움이 되는가'란 물음표에 대해 답을 하지 못하면 찬성할 수 없었습니다.

감사인의 독립성을 확보한
〈외부감사법〉 개정

주 '공정, 민생, 미래 사회'라는 입법 원칙은 경제민주화의 방향이기도 하겠고, 국민들도 흔쾌히 동의할 부분인 것 같습니다.

채 의원은 등원 직후부터 한국 경제구조개혁을 위한 입법에 속도를 냈습니다. 특히 최근 수년 사이에만 효성, 유안타증권(옛 동양증권), STX조선, 대우건설, 대우조선해양, KAI(한국항공우주산업) 등이 투자자에게 막대한 피해를 입힌 대형 분식 회계(기업이 부당한 방법으로 자산이나 이익을 부풀려 계산하는 회계) 사건들을 지목했어요. 그러면서 <주식회사 등의 외부감사에 관한 법>(이하 '외부감사법' 또는 '외감법') 개정으로 해결책을 제안했는데요.

채 4년 동안 공정한 경제 생태계를 향한 크고 작은 이정표들을 만들려고 노력했습니다. 특히 〈외부감사법〉 개정안은 가장 공을 들였던 법안입니다. 제가 갖고 있는 전문성을 바탕으로 여야 의원들을 포함해 정부 당국과 이해관계자를 설득하고 타협한 정치의 과정을 거쳐 만든 성과이기에 그 의미가 더 컸습니다.

언급한 기업들처럼 분식 회계 사건을 일으키는 회사는 부실화를 숨기기 위해 자산이 더 많이 있는 것처럼 평가를 부풀리죠. 그렇게 만들어진 재무제표를 보고 투자자들은 회사가 건전하다고 판단하고 투자하게 되는 겁니다. 결국 언젠가는 회사의 부실이 드러나기 마련이고, 이후 투자자들은 피해를 입게 되지요.

이런 분식 회계 사건들 때문에 모든 회사의 재무제표를 믿지 못하게 되면, 자금이 정말 필요한 곳에 갈 수 없게 됩니다. 즉, 공정한 시장경제 질서를 위한 가장 기본적인 환경이 회계 투명성 확보입니다. 특히 개인회사 같은 비상장

회사와 달리 주주가 많은 상장회사나 이해관계자가 많은 금융회사의 경우에 분식 회계 사고가 터지면 많은 사람들이 피해를 보기 때문에 회계 투명성이 매우 중요합니다.

바로 그 대안으로 제시한 〈외감법〉 법안의 골자인 '주기적 지정 감사제 도입'은 40년 만에 '외부 감사제'를 개혁한 큰 성과입니다. 상장사 등이 6년간 감사인을 자유 선임한 뒤 3년은 증권선물위원회가 지정하는 감사인을 선임해야 하는 제도인데요. 감사인의 독립성을 확보하기 위한 강력한 조치로 지정 감사제를 확대 적용해 기업과 감사인의 갑을 관계를 깨려는 취지입니다. 정부의 직접 개입을 최소화하면서도 회계 투명성을 높게 유지할 수 있고, 전면 지정제에 비해 기업들도 수용할 수 있는 대안을 제도화했지요.

당시 대우조선해양 사태를 계기로 분식 회계가 개별 기업과 회계사의 문제가 아닌 제도적인 문제라는 것에 대한 사회적 공감대가 컸습니다. 스위스 국제경영개발원IMD이 발표한 우리나라의 회계 투명성 순위는 2013년 조사 대상 60개국 중 58위를 시작으로 2016년 61개국 중 61위에 이르기까지, 4년 연속 최하위권에 머물러 있기도 했고요.

이미 준비된 법안이었습니다. 회계 투명성 강화를 위한 외부 감사제 논의는 이렇게 처참한 평가를 받기에 앞서 꽤 오랜 기간 진행되어왔기 때문이지요. 기업 범죄가 발생하면 언제나 분식 회계가 드러났습니다. 이때마다 회사 경영진의 책임 못지않게 외부 감사인의 부실 감사 책임을 절감했죠. 등원하기 전인 2013년 국회에서 주최한 '회계 투명성 강화 토론회'에서 경제개혁연구소 연구위원으로 발제한 여러 안 중 하나를 그대로 법안으로 만들었어요.

기업이 시장으로부터 제대로 평가를 받고 경쟁하게 하려면 기업의 회계 정보가 투명해야 합니다. 시장에서 기업을 제대로 볼 수 있어야 가능성이 있는 기업에는 투자가 이루어지고 자본의 효율성도 생기고요. 그렇지 않은 기업은 빨리 문을 닫게 하고, 다른 새로운 기업이 도전할 기회도 만들 수 있습니다.

주 <외감법>은 전문성을 바탕으로 이해관계자를 설득하고 타협한 정치 과정의 성과라고 의미 부여를 했습니다. 어떤 과정으로 만들었습니까?

채 법안을 홀로 추진해서 통과시킬 수는 없습니다. 정무위원회(이하 '정무위')의 법안심사소위원회(이하 '법안소위')에서 논의를 하는데, 절반을 차지하는 자유한국당(지금의 미래통합당, 이하 '자한당') 의원들이 반대를 했습니다. 감사수수료가 올라가서 기업들에게 비용 부담이 된다는 재계의 의견을 받아들인 겁니다. 재계의 속내는 감사의 잣대가 높아지는 것에 대한 부담이었을 거고요.

당시 등원한 지 얼마 되지 않은데다 초선 외인이라 빈대하는 의원들을 어떻게 설득할 수 있을까 막막했습니다. 정무위 간사인 같은 당의 김관영 의원에게 상의했죠. 법안소위의 회의체에서 논쟁하는 것에 앞서 의원 한 명, 한 명을 직접 찾아가 설득하고 논의해보라는 조언을 얻었습니다. 노력을 많이 해야 한다는 충고도요.

당장 시작했습니다. 의원 한 명, 한 명씩 직접 찾아가 설득했습니다. 이런 내용이었습니다. '회사는 모든 경제적 거래를 회계로 나타내어 재무제표라는 장부를 만듭니다. 회계사들이 그 장부가 제대로 만들어졌는지를 확인하는 회계감사를 하지요. 회계사(감사인)는 회사로부터 독립성을 갖고 감사를 해야 합니다. 독립성이 없으면 감사 결과를 다른 사람들이 믿을 수가 없는 거죠. 그런데 감사할 회계사를 회사가 정하도록 하는 자유수임제는 감사인이 감사수수료 즉, 돈을 주는 회사의 눈치를 보게 되고, 다음에 또 감사 계약을 맡기 위해 회사로부터 독립적인 위치를 갖고 엄격하게 감사하기가 어려워져요. 그래서 감사인의 독립성을 확보하기 위해 국가가 감사인을 정해주는 지정제 도입이 필요합니다. 회사가 다음의 감사 계약이나 감사수수료로 감사인을 압박하는 수단을 없애는 것입니다. 이렇게 지정제를 도입하면 회사의 감사비용이 올라갈 수 있지만, 상장회사 평균 감사수수료가 약 1억 원 정도인데 이게 인상된다고 해도 부담스러운 수준은 아닐 테고, 상장회사나 금융회사의 경우에 회계 투명성을 확보하기 위해 이 정도는 감당해야 하지 않겠습니까?' 이렇게 열심히 의원실 곳곳을 찾아가 설득했습니다.

제가 찾아간 동료 의원들 모두 흔쾌히 논의와 대화에 응해주었습니다. 이견을 갖고 있는 의원에게는 삼고초려의 마음으로 여러 번 찾아가 토론을 나눴지요. 그 결과 동료 의원들의 법안에 대한 관심과 이해 수준이 굉장히 높아져서 법안소위가 열렸을 때 일사천리로 〈외감법〉에 대한 논의가 진행됐습니다. 대우조선해양이 분식 회계로 문을 닫으면서 국민 혈세가 7조 원이나 들어가야 하는 상황에서 정부 금융 당국의 입장도 명확했고요. 처음 법안소위가 열렸을 때는 제대로 논의조차 하지 못하고 넘어갔지만, 시간을 두고 설득을 하니 통과를 이끌어낼 수 있었던 겁니다. 반대가 있더라도 설득을 통해서 변화를 만들어낼 수 있다는 자신감도 생겼고요.

그런데 의원들 중에는 저처럼 법안 통과를 위해 적극적으로 한 명, 한 명씩 쫓아다니면서까지 설득하고 토론하는 의원은 없더라고요. 제 방법이 매력적이지 않았나 봐요. (웃음) 많은 의원들이 동료 의원들을 직접 설득하는 방법보다 언론을 통하는 방법을 사용하는 게 오히려 일반적이더라고요. 이슈를 만들어서 언론으로 여론을 만들고 사회적 압력으로 지도부가 결정하게 만드는 방식에 더 익숙하지요. 반대 의견이 첨예하게 대립할 때 내부의 토론과 합의를 통해 이루는 방식은 아직도 흔치 않습니다. 여론과 대화하고 외부의 힘을 움직이는 것이 의원들이 선호하는 방식이지만, 본인이 낸 법안에 대해서는 의원이 직접 토론회의 발제자나 토론자로 나와 설득할 자세가 준비되어 있어야겠지요.

주 법안 통과는 제도 개선의 시작입니다. <외감법>의 '주기적 지정 감사제'는 한시적이지만 9년이라는 긴 시간을 갖고 진행됩니다. 이 제도가 안착되기까지 고비가 많을 것 같은데요?

채 9년간의 숙제가 남아 있어요. 이 제도의 당사자인 회사와 회계사, 금융 당국이 충분한 준비를 갖추어 각자의 제 역할을 해야 합니다. 특히 이 제도가 제대로 효과를 내기 위해서는 실제 감사 현장에서 회계사들이 독립성과 책임감을 가지고 외부감사에 임해야 하는데요. 그렇지 않으면 어렵게 개정된 <외감법>이 원래대로 회귀할지도 모릅니다. 그 피해는 국민들에게 가는 것이고요. 변화는 끊임없이 설득하고 타협하고 축적해나가야 지속 가능합니다. 강산이 변하는 시간 동안 잘 지켜야지요.

주 2019년 4월 박삼구 금호아시아나 대표이사가 이례적으로 감사 의견에 책임을 지고 사퇴했습니다. <외감법> 개정 영향인가요?

채 그렇다고 봅니다. 감사인이 표명하는 의견은 '적정, 한정, 부적정, 의견 거절'로 4가지입니다. 적정 의견Unqualified opinion은 말 그대로 회사의 회계정책이나 재무제표 작성 등에 중요한 왜곡 표시가 없음을 표시합니다. 한정 의견Qualified opinion은 감사인이 충분하고 적합한 감사 증거를 수집하지 못하였거나 재무제표에 왜곡 표시가 포함되었을 때 표명됩니다. 부적정 의견Adverse opinion은 재무제표에 포함된 왜곡 표시가 중요하고 전반적일 경우에 표명됩니다. 의견 거절 Disclaimer of opinion은 감사인의 감사 수행에 중요하고 전반적인 제한이 있어 적절히 감사를 수행할 수 없었으며, 이에 따라 재무제표에 대한 검토와 의견 표명을 할 수 없을 때 나가는 의견입니다.

아시아나항공의 외부감사인은 삼일회계법인인데, 외부감사인으로는 처음으로 '한정' 의견을 줬습니다. 감사인이 자료 요청을 했는데, 아시아나항공이 판단할 자료를 제출하지 않았기 때문입니다. 회사는 발칵 뒤집혔죠. 제출하지 않고 버텨도 적정 의견을 받았던 관행이 사라졌기 때문입니다. 결국 뒤늦게 자료를 냈고, 다시 감사하니 영업이익이 3분의 1로 토막 났어요. 기업이 버티기 어려운 수준이었습니다. 결국 금호아시아나그룹은 아시아나항공 매각을 결정했죠. 외부감사의 개혁으로 아시아나항공은 주인이 바뀌게 됐습니다.

〈외감법〉 개정 이후 '회계가 바로 서면 기업의 평가가 달라지고, 기업의 평가가 달라지면 자본의 변화가 생긴다'는 것을 보여주는 사례가 되었습니다. 회계사들이 '적정'이 아니라 '한정' 의견 등을 주는 것은 감사인이 독립적으로 판단을 할 수 있는 지위가 생겼다는 증거입니다. 특히 올해부터 본격적으로 감사인을 지정하는 〈외감법〉 개정안이 실행되는데요. 앞으로 더 큰 '나비효과'들이 나타날 겁니다.

한국 경제의
회복 탄력성을 높인
<채무자회생법> 개정

주 기업들이 분식 회계로 투자자들에게 손해를 끼쳤다면, 경제 위기 때마다 생존을 이유로 역설적이게도 강력한 구조조정으로 노동자들의 생존을 위협했습니다. 코로나19 경제 위기가 아니더라도 한국 경제의 저성장 국면은 더 깊어지고 있고, 조선업과 자동차산업은 물론 모든 산업이 어려움을 겪고 있어요. 채 의원은 산업의 경쟁력을 되살리기 위해 선제적인 구조조정이 필요하다고 강조했는데, 선뜻 이해하기가 힘듭니다.

채 흔히 '기업구조조정'을 말하면 노동자를 해고하는 것부터 생각하는데, 오히려 선제적인 구조조정을 통해 고용을 지키고, 경제 충격을 줄일 수 있습니다.

저는 IMF 외환 위기 당시 도입된 은행 중심, 정부기관 주도의 기업구조조정이 지금은 효용이 없다고 평가해요. 이제 우리나라 구조조정 패러다임을 자본시장 중심, 민간 주도로 전환하고 그 과정에서 고위험 고수익을 쫓는 모험자본venture capital들이 우리나라 자본시장에서 역할을 해야 한다는 취지의 〈채무자 회생 및 파산에 관한 법〉(이하 '채무자회생법') 개정안을 대표 발의했습니다.

산업구조의 변화와 기술의 발전에 따라 기업도 변화해야 하는 시기가 왔습니다. 4차 산업혁명의 시대에 선제적인 구조 조정이 필요하다는 생각이에요. 전기자동차의 시대에 엔진을 만드는 부품 회사는 위축될 수밖에 없고, 오일샌드나 땅 밑의 기름 시추 기술이 발전하면서 해양 플랜트는 사라지는 것이죠. 산업구조의 변화에 따라 기업도 변화해야 하는데 탄력성을 갖추지 못한 기업들은 망하는 겁니다. 선제적인 구조조정은 기업이 도산까지 가기 전에 뛰어난 경쟁력이 있고 조금만 지원해주면 살아날 수 있는 기업을 찾는 겁니다.

요즘은 기업이 혼자 힘으로 살아남을 수 없을 때, 안목을 가진 구조조정 전문 운용사가 함께 법원의 공정한 회생절차를 이용해서 구조조정을 할 수 있습니다. 이때 신규 자금이 들어가 기업이 정상화되면 다행이지만, 행여 파산하게 되더라도 정상화의 기회를 만들어준 신규 자금에 대해서 우선 변제권을 주는 겁니다. 이런 유인 구조가 있어야 모험자본이 구조조정 시장에 뛰어들어 고용을 유지하고 경쟁력 있는 기업을 살리는 겁니다.

주 <기업구조조정 촉진법>(이하 '기촉법')은 1998년 IMF 외환 위기 당시 도입된 후 20년간 유지되어 왔는데요. 그 법으로는 현재의 위기를 이겨내기 어려운 건가요?

채 당시만 해도 기업구조조정은 생소한 개념이었고, 기업의 도산을 진행할 절차조차 제대로 마련되어 있지 않았어요. 그 당시는 긴급하게 정부가 주도적으로 구조조정을 할 수밖에 없었습니다. 그래서 만든 법이 〈기촉법〉이었죠.

하지만 20년 동안 기업구조조정은 상시적인 현상이 됐고, 도산제도는 비약적으로 발전했습니다. 법령이 만들어지고 여러 차례의 개정을 거치면서 더욱 다듬어지고 최근에는 회생법원을 개원하기까지 했죠. 이런 변화에도 불구하고 여전히 기업구조조정과 관련된 의사결정은 20년 전처럼 여전히 정부기관이 그리고 자본 중에는 가장 보수적인 은행이 주도하고 있습니다.

정부기관이 주도해온 구조조정과 관련하여 그간 의사결정의 불투명성과 전문성 부족에 대한 지적이 끊이지 않았어요. 무능한 금융 당국은 은행 팔 비틀기 같은 '관치 금융'을 위해 은행 외의 다른 채권자를 차별하고 은행만 유리한 〈기촉법〉을 운영했고, 은행은 관치의 수단으로 쓰이면서 자신의 능력은 키우지 못했습니다. 그 과정에서 은행은 부실 기업의 관리 능력이 없다 보니, 기존의 실패하고 부도덕한 경영진을 교체하기는커녕 그들의 경영권을 인정해서 정상화되었다가 다시 부실화되는 악순환을 만들었습니다. 이제는 구조조정을 관치가 아닌 민간 주도로 바꾸어야 할 모멘텀Momentum이에요.

주 그렇다면 '민간 주도, 자본시장 중심'은 기업구조조정에서 '정부기관 주도, 은행 중심'과 비교해 구체적으로 어떤 역할을 할 수 있습니까?

채 은행은 구조조정 기업에 담보를 대부분 갖고 있기 때문에 회사 살리기보다 공장 같은 담보를 매각해 채권을 회수하려고 하지요. 즉, 기업 회생과 채권 회수라는 목표가 상충할 때 채권 회수가 우선입니다. 따라서 은행을 통한 구조조정은 한계가 있어요.

반면에 모험자본은 기업 회생을 통한 고수익을 목표로 하고 있죠. 그렇기에 전문성과 합리성을 갖는 모험자본이 기업 구조조정 시장에 적극 나설 수 있도록 해야 합니다. 이에 필요한 제도와 정책이 바로 법원 회생제도와 구조조정 전문 운용사와 구조조정 펀드입니다.

법원 회생제도는 기업이 스스로 신청하고 모든 채권자가 동등하게 취급받는 제도이며 실패하고 부도덕한 경영진에게 책임을 물을 수 있습니다. 또한 〈채무자회생법〉 개정으로 파산 시 신규 자금에 대한 우선변제권을 도입했으니 모험자본이 뛰어들 환경도 마련되었습니다. 이제는 법원의 공정한 회생 절차와 함께 뛸 선수로 구조조정 전문 운용사가 필요해요. 정부가 예산으로 구조조정 자금을 준비하는 것만으로 구조조정이 저절로 되지 않습니다. 살릴 수 있는 기업을 골라내고 그 기업을 정상화시키는 과정은 고도의 전문성과 많은 시간, 엄청난 노력이 필요해요. 급하다고 정부와 국책은행이 계속 구조조정 시장에서 선수로 뛴다면 결코 구조조정 전문 운용사가 나타나지 않습니다. 오히려 정부는 빠지는 대신 마중물 역할을 할 자금을 대고 구조조정 기업과 산업을 지원하는 방안을 마련해야지요.

주 살아날 수 있을 것 같은 회사들을 선제적으로 찾아 도와주자는 것은 일면 타당합니다. 그런데 도와줘도 안 될 것 같은 회사라도 그 안에는 수많은 우리 노동자들의 일자리가 있고 그 가족들의 생계가 달려 있습니다. 국가 경제나 기업 측면만 본다는 오해를 살 수도 있겠어요. <채무자회생법> 입법 과정에서 노동부의 이견도 있었지요. '노동자 입장에서 볼 때 기업 파산은 더 이상 회생 노력이 의미가 없습니다. 무엇보다 임금 확보가 가장 절실한 순간이니까요'라고요. 노동부는 이런 파산 상황에서 임금 확보를 후순위로 조정하는 것은 신중하게 고려할 것을 당부했었습니다.

채 살릴 수 없다고 판단하는 회사는 결국 파산해서 망하고 노동자는 일자리를 잃습니다. 이런 경우 국가가 사회 안전망을 갖고 있어야 하지요. 실직자가 실업수당을 받고 직업훈련을 받고 재교육을 통해서 새로운 일자리를 찾는 과정은 국가가 책임질 일입니다. 망할 회사를 더 버티게 하는 것보다 망할 회사는 빨리 망하게 하고, 노동자는 새로운 일자리를 갖게 하는 것이 국민경제 전체의 효율을 높이는 일이라 생각합니다. 그 효율성을 높일 때 생기는 부작용은 정부의 사회 안전망으로 보듬어야겠지요.

　결론부터 이야기하면 고용노동부의 의견을 반영하고 율사 출신인 여야 간사들과의 설득과 타협의 과정을 거쳐 임금채권과 신규 자금이 동일한 순위로 분배하는 방향으로 합의했습니다. 〈외감법〉 통과 때와 마찬가지로 전문가의 경험을 바탕으로 설득과 타협의 과정을 거쳐 성과를 만들었지요.

　기업이 구조조정 단계에 갔다면, 이미 재무상의 어려움으로 임금 체불이나 세금 연체가 있기 마련입니다. 이때 신규 자금이 투입되면 체불 임금과 연체 세금은 모두 우선적으로 해결할 수 있어요. 보통 구조조정 과정은 짧으면 3년, 길면 5년 이상도 걸리기 때문에 그 시간 동안에 신규 자금이 들어와서 고용을 유지하면서 급여를 계속 지급하다가 그 기업이 정상화되는 것이 가장 좋은 경우겠죠.

　만약 회사가 정상화되지 않고 구조조정 실패로 파산 절차로 가는 경우의 새롭게 생긴 임금 체불이나 세금 연체가 있을 수 있습니다. 이때, 신규 자금에 대해서 체불 임금보다 우선변제를 하는 것이 부당할까요? 이 신규 자금은 이미 회사를 바로 문을 닫지 않게 하고, 구조조정 전 체불된 임금채권을 다 지급하고 수년간의 고용을 유지했던 기여가 있습니다. 그 대가로 신규 자금에 우선순위로 변제할 수 있는 것 아닐까요? 저는 노동부가 주장하는 임금채권 최우선의 철학과 실행 방법은 다르지만 같은 맥락이라고 생각했죠.

　참고로 부울경(부산, 울산, 경남) 지역에 있는 37개 조선업종 기자재업체들에 대해, UAMCO(연합자산관리주식회사)라는 기관이 실제 3년 넘게 구조조정을 거치면서 약 1.5조 원 이상을 넣어 1만여 명 이상의 고용을 유지하고 있습니다. 신규 자금이 고용 유지에 기여합니다. 오히려 고용노동부가 반대를 해서 구조조정이 이루어지지 않으면 결국 체불 임금의 지급이나 고용 유지는 불가능하고 바로 문 닫고 일 자리는 없어지는 것이죠.

결국은 기업구조조정 과정에 대한 이해도가 낮고, 노조 의 반발만 우려하는 노동부는 끝까지 설득이 어려워 저와 생각이 같은 김상조 청와대 정책실장에게 요청해 노동부 의 입장을 유연하게 바꿨습니다. 적극 반대하는 의원에게 는 면담 시간을 잡지 못해 부울경 구조조정 내용을 포함한 상세 자료를 만들어 의원실로 보내주었지요. 마침 부산 지 역구 의원이어서 그런지, 보내준 부울경 구조조정 내용을 이해한 덕분인지 그 뒤로 반대 의견을 내지 않았어요.

9개월 동안 동분서주한 결과로 〈채무자회생법〉이 통과 됐고, 한국 경제의 회복 탄력성을 높이는 성과를 만들어냈 다 자부합니다.

주 우리 사회의 경쟁력 제고 차원에서 채무자 회생에 대한 인식 전 환을 담아낸 법안이라는 평가가 많더군요. 회생 기업에 신규 자 금을 넣는 투자자를 독려하고, 신규 자금 지원이라는 보약으로 기초 체력을 회복한 기업이 늘어나 전체 한국 경제의 회복 탄력 성을 높인다는 뜻이군요.

채 예측하지 못한 경제 위기가 오면 구조조정이 많아질 수밖 에 없습니다. 일시적인 어려움으로 문을 닫는 괜찮은 기업 을 미리 발굴해서 신규 투자를 해주고 더 능력 있는 경영진 으로 교체하면 기업은 살아나고 일자리가 유지됩니다. 경제의 질을 높이는 여정이죠.

앞서 언급했듯이 모험자본은 벤처회사 10곳에 투자해서 1곳이라도 성공하면 대박 나는 거죠. 기업구조조정 시장도 마찬가지입니다. 신생 기업에 돈을 투자할 때는 당연히 위험이 높고, 수명을 다한 기업의 구조조정에 들어가는 것은 똑같이 고위험·고수익입니다.

우리나라 자본시장의 모험자본이 많아져야 신산업을 육성할 수 있고, 기업의 구조조정을 통해서 일자리를 지키고 제조업을 몰락시키지 않을 수 있어요. 그런데 아직 많이 부족합니다. 지금까지 이 모험자본의 역할을 국가 재정이 했기 때문이에요.

국가가 벤처기업 육성한다고 벤처캐피털에 돈을 주는 모태펀드를 만들어서 돈을 주기 때문에 제대로 된 자본시장의 논리로 작동하지 않은 겁니다. 구조조정도 산업은행이나 기존 금융권, 은행들을 팔 비틀어서 돈을 넣게 했기 때문에 제대로 된 기업을 찾아내는 기능을 못했던 거예요. 자본시장의 규모는 커졌지만 질적인 성장이 없었습니다. 모험자본이 신산업과 기존의 몰락하는 산업을 다시 일으키는 역할을 하는 시장이 만들어진다면 우리는 질적인 성장의 여정 위에 있는 거예요.

범죄 기업이 은행 주인 되는
<인터넷전문은행법>
개정 반대

주 공정한 경제 생태계를 만들기 위해 특정 법안을 집요하게 막기
도 했습니다. <인터넷전문은행법> 개정안의 핵심은 무엇이기에
막았습니까?

채 은행은 국민의 돈을 관리하는 중요한 기업입니다. 그런데
이번 개정안은 인터넷전문은행 대주주의 적격성 심사 기준
에서 <독점규제 및 공정거래에 관한 법>(이하 '공정거래법') 위
반 등의 전력(벌금형 이상)을 제외하는 것이에요. 즉 독과점,
시장 지배적 지위 남용, 갑질, 담합 등 <공정거래법>을 위반
해 시장경제 질서를 해친 자도 은행의 대주주가 될 수 있도
록 하자는 것입니다.

김종석 미래통합당(이하 '통합당') 의원이 기존 <인터넷은
행법>이 대주주 자격을 지나치게 엄격하게 규정하고 있어
산업자본 진출의 장벽을 낮춰야 한다는 취지로 발의한 개
정안입니다. 그런데 금융 관련 법안들을 보면 <은행법>, <상
호저축은행법>, <보험업법>, <자본시장과 금융투자업에 관
한 법>, <금융지주회사법> 등에서 금융기관의 대주주 자격
요건을 심사할 때 <공정거래법> 위반 여부를 판단하라고 되
어 있습니다. 금융기관 대주주의 도덕성은 기본이거든요.
금융 혁신을 위해 인터넷전문은행에 '은산 분리 원칙'을 완

화하는 것은 수용하더라도 심각한 범죄 기업이 은행을 지배할 수 있도록 하는 것은 도저히 받아들일 수 없는, 원칙이 무너진 법 개정이었습니다. 무엇보다 〈공정거래법〉을 어긴 담합 범죄로 인하여 K뱅크의 대주주 자격 심사에서 승인받지 못한 KT를 봐주려는 법이었기에 명백히 'KT 특혜법'이에요.

주 채 의원은 국회에 들어오기 전부터 인터넷전문은행에 반대 의사를 밝혔어요. 2018년에 법이 제정될 때도 반대했고, 2020년 개정 때에도 일관되게 반대했습니다. 그런데 통합당은 인터넷전문은행이 핀테크(fintech, 금융과 IT가 결합한 서비스)와 서민금융을 위해 필요하다고 주장합니다.

채 저는 공정한 경제 생태계를 만들어야 한다는 신념을 실현하기 위해 정치를 시작했습니다. 제가 배운 민주주의는 그리고 국회에서 경험한 정치는 설득과 타협의 과정일 때 의미가 있었어요. 지난 4년간의 의정활동을 돌아보면 가장 어려운 일이 신념과 타협 사이에서 균형을 찾는 것이었습니다. 제가 하고 싶은 정치는 신념을 지키면서도 타협하는 것이죠.

저는 시민운동을 하는 동안 은산 분리 원칙을 훼손하는 인터넷전문은행을 반대했습니다. 그러나 등원 후에는 거침없이 변화하는 4차 산업혁명의 시대에 '금융, 혁신, 신산업 육성'이라는 시도 자체는 당연한 흐름이라는 것을 인정하고, 현실과 타협하여 유연한 입장으로 바꿨지요. 그래서 2017년에 은산 분리 원칙을 수정해야 한다고 입장을 바꿨습니다. 당시 제가 정부에 제시한 타협안은 산업자본이 은행 지분을 소유할 수 있는 한도를 기존 4%에서 50%까지 무작정 확대하는 것이 아니라 34%까지만 확대해서, 경영권은 경영권대로 확보 유지할 수 있도록 하되 경쟁에서 살아남지 못하면 대주주가 바뀔 가능성도 열어두자는 것이었습니다. 대신에 재벌만큼은 은행을 소유하지 못하게 하자는 것이죠. 입법 취지를 달성할 수 있고, 반대 여론을 설득할 수 있으며 저 역시 신념을 지키는 현실적인 타협안이었습니다.

그런데 제가 정무위를 사임하고 법사위에 보임하자 2018년 8월 정무위에서는 은산 분리 기준 지분율을 34%로 완화하는 동시에 재벌까지 은행을 지배할 수 있도록 하는 법안을 통과시켰어요. 그때도 본회의장에서 반대할 수밖에 없었죠. 이제는 범죄 기업에게까지 은행을 맡기도록 하겠다는 겁니다. 이것은 은산 분리 문제가 아니라 금융기관의 도덕성 문제로 금융의 기본에 대한 문제입니다.

공정성에 근거하고, 민생에 편익을 만들고, 미래 사회를 준비할 수 있다면 혁신이죠. 혁신에 반대하지 않습니다. 인터넷전문은행을 은행이기 이전에 핀테크 기업으로만 본다는 것은 본질적인 부분 대신에 부차적인 부분을 과도하게 해석하고 있다고 봅니다. 은행이 아닌 핀테크 기업은 이 사안과는 무관하게 얼마든지 진행될 수 있어요.

주 그래서 2020년 3월 5일 동료 의원들에게 문자 폭탄을 보냈나요? 덕분에 국회 법사위에서 여야 합의로 통과된 〈인행법〉 개정안이 본회의에 올라가 부결됐습니다. 이례적이지요. 이와 관련해서 민주당의 이인영 원내대표는 공식 사과까지 하고 재추진하겠다는 입장까지 밝혔습니다.

채 두 번의 법사위 전체회의에서 〈인행법〉의 통과를 막았었습니다. 하지만 전날 열린 세 번째 법사위에서는 도저히 막을 수 없다고 판단했죠. 통합당 소속인 여상규 법사위 위원장이 자기가 통과시키기로 마음먹으면 아무리 의원들이 반대해도 통과시키는 모습을 보였거든요. 〈인행법〉은 여 위원장이 통과를 강행할 것이라고 생각하고 본회의에서 부결시킬 전략을 세웠죠.

본회의에서 반대 토론을 통해 상정된 법안을 부결시키는 것은 정말 어려운 일입니다. 18대 국회에서 이정희 통합진보당(지금의 정의당 전신 중 하나) 의원이 〈형사소송법〉 개정안 부결을, 19대에서 김관영 새정치민주연합(지금의 민주당 전신 중 하나) 의원이 예산 부수 법안인 〈상속세 및 증여세법〉 수정안 부결을 이끌어내어 각각 한 번씩 있었을 정도였죠. 하지만 마지막까지 최선을 다해야 한다고 생각했습니다. 법안 통과 저지를 위해 치밀히게 설득과 다협을 위한 계획을 세웠어요.

3월 4일 오후에 법사위에서 〈인행법〉이 통과되자마자 의원들에게 여러 차례 가다듬은 맞춤형 '〈인행법〉 반대 편지'를 보냈어요. 민주당 의원들에게는 대통령의 공정 경제 공약을 강조하고 KT의 김성태 자한당 의원 자녀 취업 비리 사건을 환기시켰고, 통합당 의원들에게는 공정한 자유시장주의를 강조했습니다.

3월 5일 오전에 여론 환기를 위해 시민사회와 연대해 공동 기자회견을 가졌어요. 전날 보낸 편지의 요약본을 문자 메시지로 만들어 의원들에게 보냈습니다. 꼭 읽어보고, 반대표결 해달라는 당부를 담아서요. 〈인행법〉에 반대하는 일부 민주당 의원들에게는 본회의 전 의원총회에서 문제 제기를 해줄 것을 따로 부탁했습니다. 다행히 민주당 의원총회에서 여러 의원들이 반대 의견을 피력했고, 〈인행법〉은 자율 투표를 하기로 했지요.

3월 5일 오후에 본회의가 열리고, 표결 직전까지 본회의장에서 의원들을 일일이 만나 눈을 마주하고 반대표결을 읍소하고, 표결 직전에 다시 한 번 문자 메시지를 보냈습니다. 의원들한테 저 말고도 여러 종류의 문자 메시지가 수없이 쏟아지는 것을 아니까 본회의 표결 직전에 제 문자가 제일 상단에 보이기 위해 여러 차례 보낼 수밖에 없었어요. 정말 귀찮게 한 거죠. (웃음)

마지막으로 반대 토론을 했습니다. 주어진 5분 동안 은행의 역할이 뭔지, 은행의 대주주는 왜 도덕적이어야 하는지, 다른 금융 관련 법과 〈인행법〉이 왜 달라서는 안 되는지 등을 조목조목 쉽게 설명했습니다. 은행은 수많은 국민의 예금으로 쌓인 여유 자금을 개인이나 기업에 대출 등의 방법으로 부족한 자금을 공급하는 곳이에요. 국가에서 예금보호제도를 운영하고, 은행이 위험에 빠지면 국민의 세금인 공적 자금을 투입해서라도 은행을 살리려는 것은 은행에 대한 국민의 신뢰를 유지하기 위해서라는 것을 상기시켰습니다. 당연히 이런 은행의 대주주는 공정한 시장 질서를 지키는, 신뢰할 수 있는 자여야 하지요. 결국 여야를 막론하고 신념을 가진 동료 의원들이 제 반대 토론을 듣고 〈인행법〉에 반대표결해서 부결이 가능했어요.

〈인행법〉이 부결되자 통합당 의원들이 합의를 깼다며 본회의장을 나가 국회를 파행시켰습니다. 정무위에서 통합당이 원하는 〈인행법〉과 민주당이 원하는 〈금융소비자 보호에 관한 법〉(이하 '금소법')을 연계해서 패키지로 처리하기로 합의를 했었던 거죠. 그런데 표결 순서가 빨랐던 〈금소법〉만 통과된 셈이었어요.

이 합의는 원내대표 간의 합의나 당 전체의 어떤 당론으로 추진된 것은 아니었습니다. 그럼에도 통합당이 국회를 파행시키자 이인영 민주당 원내대표가 사과를 하고, 〈인행법〉을 다시 통과시키기 위해 노력하겠다고 약속을 했습니다. 정말 이해하기 어려웠어요. 개별 의원들의 판단과 투표 권한까지 침해하면서 민주당의 지도부가 이 법을 통과시키겠다는 것은 결국 범죄 기업에게 은행을 맡기겠다는 것으로 금융의 기본을 훼손하는 일이고, KT 특혜에 동참하겠다는 것으로밖에는 해석되지 않았습니다.

2020년 4월 29일, 채이배 의원이 대주주 요건을 완화하는 〈인터넷전문은행법〉 개정안이 재상정된 것에 대해 더 노골적인 'KT 특혜 법'이라고 지적하며 반대 토론을 하고 있다.(사진 ⓒ 채이배)

주 천신만고 끝에 부결됐는데, 21대 총선이 끝나자마자 5월에 재추진됐어요. 일사부재리―事不再理의 원칙이 있지 않습니까?

채 참담했습니다. 같은 회기 내에서는 일사부재리의 원칙이 통하는데요. 두 달 전 임시국회에서 결정된 법안을 총선 이후에 다시 회기를 열어 추진한 겁니다. 온몸을 다해 막겠다고 선언했는데, 결국 졌어요.

한 번 더 강조하면 〈인터넷전문은행법〉을 막겠다는 것은 산업자본이 은행을 지배하는 것을 막겠다는 것이 아닙니다. 부도덕한 사람들이 은행을 맡아서는 안 된다는 거예요. 범죄 기업에게 어떻게 국민의 돈을 맡깁니까? 부도덕한 대주주가 은행을 맡아서 국가 경제를 흔들었던 사례가 있습니다. 바로 '저축은행 사태'예요.

2008년 서브프라임 모기지(subprime mortgage, 신용도가 일정 기준 이하인 저소득층을 상대로 한, 미국의 비우량 주택 담보 대출) 사태가 터지면서 글로벌 금융 위기가 발생했습니다. 당시 저축은행들이 프로젝트 사업의 수익성을 담보로 대출하는 PFproject financing 대출을 하고 있었어요. 글로벌 금융 위기로 부동산 시장이 침체되자 PF 대출을 받은 차주가 원리금을 상환하지 못했고요. 저축은행은 부실채권을 과도하게 떠안게 됐고요. 삼화저축은행을 시작으로 부산저축은행 등 저축은행이 줄줄이 문을 닫았습니다. 많은 국민들의 소중한 재산이 사라졌어요. 이 과정에서 저축은행 대주주와 경영진, 사실상 지배관계자들이 지위를 이용해 횡

령하거나 불법적으로 대출을 받은 문제들이 드러났고요. 2011년 이후 저축은행의 구조조정에 투입한 공적 자금만 27조 2000억 원에 달합니다. 은행은 도덕성이 있는 주주가 운영하는 것이 기본원칙이어야 합니다!

지난 3월 5일에 이미 본회의에서 부결된 것은, 동료 의원들도 범죄 기업에게 은행의 대주주 역할을 줄 수 없다는 것에 동의하고 결론을 내린 겁니다. 그런데 잉크가 채 마르기도 전에 4월 29일 이 법이 부활한 거죠. 인터넷전문은행의 대주주 자격을 심사할 때, 심사 대상 법률에서 〈공정거래법〉 '전체'가 아닌 '담합 조항'만 제외하기로 내용이 달라졌다고는 하지만, 이 법에서 가장 악질적인 범죄 행위인 담합을 했던 기업이 은행의 대주주가 될 수 있는 것을 허용해달라는 데는 변함이 없었습니다. 특히 담합 때문에 KT가 K뱅크의 대주주가 될 수 없는 현재의 상황을 돌파하고자 이런 법을 바꾸겠다고 하는 것이며, 담합만 남겨두자고 하는 것은 더 노골적인 KT 특혜 법이죠.

국민의 돈을 맡아서 운영하는 은행의 대주주가 시장 경쟁 질서를 훼손하고, 수많은 국민에게 피해를 끼친 담합 기업이어도 정말 괜찮을까요.

국민의 선택권을 제한하는
<타다 금지법> 개정 반대

주 렌터카 기반의 차량 호출 서비스를 제한하는 <타다 금지법> 개정안이 통과됐습니다. 검찰이 타다를 기소했지만 법원이 무죄라고 판결한 서비스를 국회가 다시 불법으로 만들어버렸습니다.

채 선거를 앞두고 택시기사들의 표를 의식한 여야 의원들의 생각이 같았던 탓입니다. 공정한 경제 생태계, 국민 편익, 미래 사회를 모두 무시해버린 사건입니다. 혁신은 자율과 경쟁에서 발생합니다. 국민의 선택권을 제한하고 자본주의와 민주주의 원칙에 반하는 <타다 금지법>은 반대했습니다.

저는 4년간 대중교통 수단을 이용해 국회에 출퇴근했어요. 운동 삼아 자전거를 탈 때도 있었죠. 지하철과 버스를 주로 이용했고 밤늦게 퇴근할 때는 택시도 자주 탔어요. 택시가 잘 안 잡히는 주말에는 타다를 이용하기도 했죠. 또한 해외에 나가서는 우버를 이용하기도 했습니다. 저는 시민들이 왜 택시가 불편한지, 타다를 왜 좋아하는지, 우버 같은 카풀 제도가 왜 도입되기를 희망하는지 몸소 느꼈죠. 물론 제가 수행비서를 따로 두지 않아서 이런 경험을 얻을 수 있었습니다. 수행비서가 운전하는 쾌적하고 안전하고 조용한 차를 타고 다니는 다른 의원들도 단 며칠간 자가용을 세워두고 택시를 타고 타다를 이용해봤다면 그리고 혹시 해외에 나가서 우버를 이용해봤다면 아마도 본회의에서 〈타다 금지법〉 반대표가 더 많았을 것입니다.

서울과 경기도 일부에서 170만 타다 이용자는 택시보다 비싼데도 타다를 선택했어요. 왜일까요? 그건 바로배차 시스템과 기사들의 친절한 매너로 안전하고 편안하다고 느끼기 때문이죠. 이런 타다를 법원도 1심에서 합법이라고 판결을 해줬습니다.

그런데 국회가 나서서 국민의 선택권을 제한하는 것은 자본주의와 민주주의의 원칙에 반하죠. 그리고 〈타다 금지법〉 개정안은 새로운 유형의 범죄도 아닌 합법 서비스를 입법으로 금지시키고, 소법 입법 금지 원칙에 위반되고, 면허 제도를 통한 신규 사업자의 시장 진입을 금지하는 것으로 비례 원칙에도 반합니다. 실제 위헌 소송을 준비하는 시민들도 있습니다.

주 말씀대로 선거 직전 택시 표를 의식한 지역구 국회의원들의 의지가 강했다는 것이 중론입니다. 한편, 수천만 원의 거금을 들여 면허를 구매한 개인 기사들도 있고, 사납금을 채우기 위해 힘들게 사는 법인 기사들도 많습니다. 이용자의 선택과 편의를 존중하면서 택시산업 종사자들의 불안과 불만을 덜어낼 방법은 무엇이었을까요?

채 택시산업이 힘든 건 맞죠. 타다 서비스에 비하면 다양한 규제를 받고 있기 때문입니다. 구체적으로 요금에서부터 차종, 운행 지역까지 세세한 규제들이 택시산업의 발전과 기사들의 자율성을 막고 있어요. 그렇다면 택시에 대한 규제를 푸는 것이 우선이죠. 의원들이 국토부에 지금이라도 당장 시행령 등에 정해져 있는 규제를 풀라고 압박하는 것이 미래를 향한 판단이었을 것이라 생각합니다.

택시요금을 자율화하고 택시의 지역 경계를 완화하고 특정 지역, 특정 시간에 승객의 동의하에 합승을 허용하는 것 등 규제를 풀 것을 검토해야죠. 택시산업의 규제를 풀고 모빌리티의 혁신 서비스와 결합한다면 시민들은 더 좋은 서비스를 받을 수 있습니다. 길바닥에서 시간을 낭비하지 않고, 택시를 타서도 불안해하지 않고, 어떤 소비자는 합승을 통해 더 싼 요금으로 택시를 이용하고, 어떤 소비자는 돈을 더 내고 고급 서비스를 이용할 수도 있을 거예요. 선택할 수 있어 우리의 삶은 더 행복해질 겁니다.

법을 개정하지 않아도, 타다 서비스를 문 닫게 하지 않아도 이미 택시 호출 서비스인 카카오T, 기존 택시를 활용한 카카오택시, 마카롱택시, 벅시 등 다양한 모빌리티 혁신 서비스가 나와서 이용되고 있어요. 운영 규제가 풀린 택시와 결합된 혁신 서비스 그리고 타다 서비스가 경쟁을 해야 합니다. 경쟁이 많아질 때 편익은 국민에게 돌아가며 시장은 더 커지죠. 이게 바로 정부와 정치권에서 얘기하는 혁신 성장입니다.

혁신 성장의 핵심 정책으로 너도 나도 네거티브 규제 시스템을 이야기하죠. '법으로 금지되지 않는 것은 모두 할 수 있게 하자.' 타다 서비스가 딱 그런 것입니다. 혁신은 자율과 경쟁에서 발생합니다. 그런데 정부는 네거티브 규제를 만든다면서 모빌리티 혁신 서비스를 굳이 법에 가두려고 해요. 신산업을 국가가 관리하겠다는 것입니다. 나중에는 '모빌리티 혁신 서비스 진흥법'을 만들까 두려워요. 혁신은 민간과 시장에 맡기는 것입니다.

주 타다가 국민 편익과 혁신 성장 차원에서 긍정성이 크다고 보는군요. 그러나 결국 타다 서비스는 종료됐습니다.

채 택시업계의 불안과 불만은 잠시 잦아들었지만, 타다는 사업을 접고 젊은 직원들과 드라이버들은 일자리를 잃었고, 170만 명의 타다 이용자는 선택권을 잃었죠. 한국 경제는 미래의 모빌리티 시장을 잃었습니다. 〈타다 금지법〉 통과로 20대 국회는 미래로 가는 첫차가 아니라 과거로 가는 마지막 차를 탔죠. 비극이었습니다.

공정 과세를 저해하는
<종교인 과세특례법>
개정 반대

주 마지막으로 종교인 과세와 관련한 <소득세법> 개정과 <조세특례제한법> 개정에 대해 이야기를 해볼까요. 이 둘을 묶어 일명

'종교인 과세특례법'이라고 부르는데, 이 법의 개정을 반대한 이유는 뭔가요?

채 〈종교인 과세특례법〉은 종교인이 퇴직할 때 받는 퇴직금에 대한 퇴직소득세를 낮춰주려는 법안이었습니다. 〈타다 금지법〉이 택시 표를 의식한 법안이라면, 이 법안은 대형교회 목사들을 의식한 법안이에요. 그들이 워낙 신도들에 대한 영향력이 크고 신자들도 엄청 많으니까요. 정부·여당에서 추진했던 법이고, 이전에도 종교인 과세를 계속 미루면서 특혜를 줬었습니다.

종교인에 대해서도 공정 과세를 해야 한다는 사회적 여론이 커지자 2018년 '종교인 과세'를 위한 〈소득세법〉 개정안이 통과되었고, 이렇게 되자 퇴직금에 대한 과세 문제가 불거졌습니다. 정부·여당은 퇴직금에 대한 세금을 줄여줄 목적으로 종교인이 받는 퇴직금 중 종교인 과세 법안이 통과된 2018년 이후 발생분에 대해서만 과세하자고 한 것이죠. 〈세법〉상 퇴직금의 귀속 시기는 지급된 시점이기 때문에 종교인만 이 귀속 시기를 제한해 혜택을 주자는 것입니다.

〈종교인 과세특례법〉은 2019년 4월 법사위에서 제가 반대하여 법안2소위로 보내졌죠. 하지만 그해 7월 법인2소위에서 문제점을 제대로 검토하지 않고 통과시켜서 다시 본회의에 상정된 법이었습니다. 제가 재상정된 법안을 막기는 절차상 문제가 있다고 판단하여 어쩔 수 없이 여론의 힘을 빌리기로 했습니다.

3월 4일 오후 2시 법사위가 열리기로 되어 있었고, 전날 저녁에 아는 기자에게 이 법안의 문제점을 얘기하고 4일 오전 중 기사화를 상의했죠. 당일 아침에 확인했는데, 기사가 아직 나오지 않았습니다. 마음이 급해져서 다른 기자들에게도 연락을 했습니다. 오전에 참여연대 논평과 여러 언론사 기사들이 나오기 시작했죠. 여론의 반응은 뜨거웠습니다. 특히 코로나19 사태로 신천지에 대한 반감이 높은 상황에서 종교인에 대한 과세특례는 국민들을 열 받게 한 거죠.

많은 국민들이 민주당에 항의 전화를 했고, 민주당 내부에서 이 법안을 법사위에서 통과시키면 안 된다는 결정이 있었다고 합니다. 결국 법사위에 법안이 상정되자 민주당 의원이 반대한다면서 전체회의 계류를 요청했고, 통과되지 않게 되었어요. 국민들의 공정에 대한 열망이 공정 과세를 훼손하는 특혜 법안을 저지시킨 거죠.

주 경제 관련 법안이 난항입니다. 앞으로도 많은 논의와 개정, 제정이 있어야 할 것 같습니다.

채 임기 종료 2주 전에 '상장회사법' 제정안을 냈어요. 주요 내용은 기업지배구조 개선을 통해 기업 가치와 주주 권익을 높이고, 흩어져 있는 상장회사 관련 법규를 하나로 합쳐 수범자의 법령 검토를 용이하게 하자는 것입니다. '21대 국회에서 추진해야 할 공정 경제의 구축과 공정 과세의 실현

방안'이라는 정책 자료집도 21대 국회의원 모두에게 보내
주었고요. 그러다 임기 막판에는 눈치 없이 의원실 방 늦게
뺀다고 지청구도 들었습니다. (웃음)

　21대 국회에서는 법안 자체를 위한 논의와 개정, 제정이
필요하지만 그보다 우선해서 정치의 역할에 대한 생각의
전환이 절실합니다.

경제개혁이
더딘 이유

3

재계 편만 드는
보수정당,
뒷짐만 지는
집권 여당

재벌개혁을 위한 <상법>
개정을 막는 보수정당

주 상반기 국회에서 <외감법>에 집중해 통과시켰듯이 하반기에는
<상법>에 집중했습니다. 한 사람이 치열하게 노력해서 변화가
만들어진 과정도 경험했고, 한 사람으로는 도저히 역부족인 과
정도 경험한 것으로 보입니다.

채 '좋은 기업지배구조'라는 큰 목표가 있었고, 입법으로 해
결하려는 의지를 갖고 국회에 왔다는 것을 매순간 기억히
려고 했습니다. 상반기에 정무위에서 〈외감법〉을 통과시킨
것처럼 하반기에는 재벌개혁의 근간이 되는 〈상법〉에 집중
하기 위해 소관 법률을 갖고 있는 법사위로 자리를 옮겼어

요. 우리나라 기업들의 새로운 변화를 만들어내고, 공정한 경제 생태계가 만들어지는 과정에 가장 근본이 되는 것이 〈상법〉, 지배구조 개선을 위한 입법 과제라 생각했습니다.

정치가 국민의 선택으로 민주주의가 작동하고 행정부, 입법부, 사법부의 삼권분립이 견제와 균형을 만들어내듯이 기업도 주주의 선택으로 내부의 경영진, 이사회, 감사의 삼권분립이 제대로 작동할 수 있는지 여부가 기업지배구조의 핵심입니다. 재벌 총수 일가가 실제 보유한 주식은 10% 미만의 소수주주지만, 결정 권한은 100%예요. 너무 많은 권한을 행사하고 책임을 지지 않는 것이 우리나라 재벌들의 문제입니다. 이것을 근본적으로 바꾸자는 게 기업지배구조 개선의 핵심이에요. 계속 강조해서 말씀드립니다.

〈상법〉 개정안은 첫째, 소수주주들의 권한을 강화하여 기업 경영에 반영해야 하고 둘째, 주주들의 대의기관인 이사회가 독립적으로 구성되어 경영진을 견제하고 감시하는 역할을 해야 된다는 내용입니다. 재벌 총수 등 소수 지분을 갖고 전횡을 저지르는 사람들을 감독하는 구조를 만들어야 하는 것이죠. 한마디로 시장의 이해관계자들이 자신의 권리를 명확하게 행사할 수 있는 구조를 만들어가는 겁니다.

20대 국회 초반에 한 번 논의를 했는데, 여야의 이견이 좁혀지지 않았고, 법안을 반대하는 통합당은 논의 자체를 거부했습니다. 표면적인 이유는 경제가 어려운데 기업 운영에 너무 큰 부담을 준다는 겁니다. 그런데 통합당의 태도를 보면 가끔 의문이 듭니다. 친시장주의를 대변하는 것인지, 아니면 그저 '친재벌주의'를 대변하는 것인지요. 제가 2018년도 하반기에 법사위에 왔지만 통합당의 반대로 한 번도 〈상법〉을 논의하지 못했습니다.

정치는 설득과 타협의 과정이라고 믿어요. 첨예한 대립이 있다면 한 걸음, 한 걸음씩 양보해서 합의를 시도라도 해야 하는데, 통합당은 제자리걸음도 하지 않았습니다. 이런 관성이 참혹한 국회의 현주소이고, 정치의 현실이라는 것을 절감했어요. 법사위원인 제가 낸 법안조차 한 번도 제대로 논의하지 않고 20대 국회가 막을 내리게 됐습니다.

그래서 경제개혁보다 정치개혁이 우선이라는 요즘 유행하는 말로 '현타'(현실 자각 타임)가 왔어요. 아무리 좋은 법을 내고, 좋은 개혁을 추동할 체력과 의지와 전문성이 준비되어 있어도 혼자 할 수 있는 일은 없습니다. 국회의원 개개인이 입법기관이지만 전체를 놓고 보면 300명 중 1명이기 때문입니다. 정치구조 자체가 변화하지 않으면 한 걸음도 떼기 어려운 것이죠.

주 많은 국민들이 실제로 보수정당과 재벌, 대기업과의 관계를 의심하기도 합니다.

채 우리나라 재벌, 대기업은 성장 일변도의 국가 정책에 따라 지원을 받아서 성장해왔습니다. 재벌 형성부터 보면, 일제강점기에 새로운 근대화가 되면서 사업 기회들이 생겼죠.

당시 기득권인 일제와 손을 잡은 기업인들이 그 기회를 많이 얻었습니다. 또 광복 후에는 일제가 남긴 적산敵産을 기득권들이 다시 가져갔고요. 식민지 치하에서부터 발생한 기득권 세력의 불공정이 광복 후에도 당연히 경제권력으로서 지속되었고, 이후에 미국으로부터 원조를 받은 과정에서도 원조 자원, 어마어마한 자원을 분배받는 과정에서 기득권들이 다시 독차지하게 됐습니다.

삼성이 큰 이유는 결국 설탕과 밀가루, 면방직(일명 三白) 원조 받은 것을 자신들이 가공, 유통했기 때문이에요. 지금의 CJ 모태인 제일제당으로 삼성이 출발한 거죠. 경공업 분야에서 해외 원조를 통한 자원을 독차지하고 유통하면서 이익을 누렸고, 그 기반으로 경공업 산업을 일으키게 됐습니다. 이후에 박정희 정권 시대에 국가의 전폭적 지원과 해외 차관으로 중화학공업을 일으켰고요. 국가가 해외에서 빌려온 돈을 싼 이자로 가져가 큰 기업을 설립하게 됩니다. 그 과정에서 노동자들은 국가와 기업의 노동 탄압으로 적당한 몫을 공유 받지 못했고요. 농민들도 낮은 물가를 유지하기 위한 국가의 수매제도(정부미)로 인해 희생되었죠.

처음의 기득권이 이후에도 더 많은 기득권을 가져갈 수 있는 환경을 계속 유지시킨 겁니다. 그러다 국가 전체적인 부가 커지고, 분배에 대한 투쟁이 이어지고, 민주화 과정까지 이르게 되죠.

그런 흐름에서 재벌들은 보수정당과 모든 것을 한 몸

처럼 공유해왔습니다. 경제적 기득권의 이익을 공유하면, 정치적 기득권의 이익을 향유해서 서로 주고받았죠. 그렇게 재계의 논리들을 보수정당이 지켜오고 있었고, 지금까지 보수정당이 자유시장주의를 표방한다면서 가장 자유시장주의를 해치는 기업들을 보호해주는 보안관 역할을 해왔습니다. 두말할 것도 없이 '정경 유착'이죠. 또한 보수정당은 가진 자들을 대변했고, 그 가진 자들은 역시 기업의 면에서 보면 재벌이고 대기업이고 그 안에서 지분을 가지고 있는 재벌 총수 일가이고 지배주주들이죠. 보수정당은 진정한 보수가 아닌 수구 기득권의 대변인 역할을 해왔습니다.

보수정당은 더 이상 이대로는 국민의 지지를 받을 수 없지요. 보수정당의 활로는 새로운 시대에 맞는 시장경제의 편에 서는 데서 시작될 것입니다. 통합당은 정강 정책에서 '민간 주도·미래 기술 주도' 경제발전을 강조했어요. 진정한 보수가 지향하는 경제는 법률이 금지하는 독과점과 불공정행위에 저촉되지 않는 한 시장에서 개인과 기업의 자유로운 경제활동을 보장하는 것이라 명시했습니다. 우리나라 보수정당의 미래는 이를 얼마나 실현하는냐에 달려 있겠지요.

주 자한당과 재계는 <상법> 개정이 이뤄지면 경영 부담이 크다고 주장했습니다. 덧붙여 외국자본의 공격 위험성도 강조합니다.

채 진짜 경영 부담은 이재용 삼성전자 부회장의 뇌물 사건, 한진그룹 총수 일가의 갑질과 비리 사건 등에서 드러난 '오너 리스크owner risk'입니다. 회사와 주주들뿐만 아니라 대외 신인도 하락 등으로 국가 경제에도 악영향을 미쳤어요.

불법행위를 근절하려면 이사회에 독립적 이사가 한 명이라도 들어가 감시와 견제를 제대로 할 수 있도록 해야죠. 이런 건강한 균형 상태를 불필요한 간섭이나 위협이라고 호도한다면 불법행위를 계속하겠다는 의지 표명으로 해석할 수밖에 없습니다.

외국자본에 경영권을 위협받는 것도 거짓이에요. 오히려 지배구조의 낙후로 기업 가치가 떨어졌을 때 외국자본이 공격할 빌미를 제공합니다. 외국자본을 마치 한 마음 한 뜻으로 움직이는 하나의 주주로 보는 오해를 하는데, 우리 주식시장에 투자한 외국자본은 다양한 국적과 다양한 펀드로 구성되어 있습니다. 삼성의 경우를 보더라도 외국인 지분율이 55%라며 재계나 언론이 치켜세우는데 실제로는 국적이 다른 수백 개, 수천 개의 펀드로 이뤄져 있습니다. 이들이 단일 목표로 단체 행동을 할 확률은 제로에 가깝습니다. 우리나라에서도 자산운용사마다 다양한 펀드를 운용하고 있는 것에 비추어본다면, 결코 외국자본이 하나가 아니라는 것은 쉽게 이해할 수 있습니다.

오히려 우리나라의 기업지배구조가 나빠서 투자 매력을 잃어 외국인 투자자들이 떠난다면 주가가 폭락하겠지요. 제가 국회에 들어가자 외국 투자자들이 찾아와 〈상법〉

개정 추진 상황을 확인하고, 통과 가능성이 높다고 판단할
때 한국에 투자하겠다는 의사를 밝히기도 했습니다.

대통령 공약을
후순위로 밀어버린 여당

주 촛불혁명으로 탄생한 문재인 정부는 경제민주화 관련 법에 강력
한 의지가 있을 텐데요. 20대 국회에서 여야의 이견이 컸던 법안
이고 통합당이 반대를 한다고 해도 여당인 민주당이 힘을 실어
주지는 않았습니까?

채 〈상법〉 개정안은 심지어 2012년 박근혜 정권 때 경제민주
화를 하겠다고 내세웠던 안에 더 가깝습니다. 박근혜 정권
이 다중대표소송제 도입, 감사위원 분리 선출, 집중투표제
및 전자투표제의 단계적 의무화 등 기업지배구조 개선을
위한 〈상법〉 개정안을 정부안으로 냈었지만, 재계가 반대
해서 입법 예고한 상태로 묻혔어요. 실제 정부가 발의를 하
지는 않았던 법안이지만, 자한당 내에서도 이 법안은 절대
반대는 할 수 없는 안입니다. 자한당 정부에서 추진했던 것
이니까요.
　2016년 총선에서 민주당은 더 개혁적인 내용으로 재벌
개혁 공약을 했습니다. 국민의당도 공약했고요. 선거 때
는 모두가 경제민주화를 공약으로 내걸었지만 실제 세부

적인 법률 내용을 아는 전문가는 거의 없었습니다. 법사위 내에도 〈상법〉을 알거나 관심 갖는 의원이 없었어요.

제가 대표 발의한 〈상법〉 개정안은 통과 가능성을 높이기 위해 민주당보다 훨씬 합리적인 안으로 조정을 했었어요. 기업지배구조 개선이 하루아침에 이루어지거나 어느 법안 하나로 완성되는 것이 아니기에 다양한 방법으로 다양한 효과를 축적해가야 합니다. 그런 생각으로 충분히 양보하고 타협하며 개선안을 냈는데, 제대로 논의조차 되지 못한 것은 정말 아쉽죠. 자한당이 어차피 반대해서 통과가 요원한데 논의하는 것은 시간 낭비라는 데 민주당이 끌려다녔습니다.

결국, 의지의 문제예요. 물이 들어왔을 때 노를 저어야 합니다, 문재인 정권 초기에 경제민주화 법안 처리에 총력전을 펴야 했는데, 실기했죠. 경제지표가 악화되면서 자한당이 계속 버틸 명분을 줬고, 개혁 동력마저 떨어졌습니다. 소득 주도 성장에 방점을 두면서 경제민주화를 포함한 공정 경제가 후순위로 밀렸어요. 한국 사회 최대 문제인 양극화를 개선하려면 경제민주화와 공정 경제를 최우선으로 추진해야 합니다. 취임 초기 인터넷전문은행 은산 분리 완화를 위해 발 벗고 나설 때처럼 다시 새로운 경제개혁을 위해 집중해줬으면 합니다.

주 2018년 11월 5일 문재인 대통령과 여야 5당 원내대표 간에 '여야정 국정상설협의체 1차 회의'가 있었습니다. 민생 개선을 위한 입

법과 예산에 초당적으로 협력하며 12개의 합의문을 이끌어냈었지요. 12개 합의문 중 7항이 바로 '불공정을 시정하고 공정 경제의 제도적 틀을 마련한다. 이를 위해 〈상법〉 등 관련 법의 개정에 노력하기로 한다'는 것이었어요.

채 김관영 바른미래당(이하 '바미당') 원내대표가 청와대 가기 전에 초안을 보여줬어요. '불공정을 시정하고 공정 경제의 제도적 틀을 마련한다'는 문장만 있었습니다. 문재인 정권 들어와서 기업지배구조 개선을 위한 〈상법〉과 〈공정거래법〉에 대해 논의가 이루어지지 않았고, 여당도 별로 노력하지 않았기 때문에 반드시 문제 제기를 해야 한다고 생각했지요. 김 원내대표에게 이 두 법을 명시적으로 넣어야 한다고 얘기했고, 반드시 관철시켜달라고 부탁했습니다.

청와대 회의 현장에서 마지막 합의안 문구를 협의하면서 자한당의 반대로 〈공정거래법〉은 넣지 못하고, 〈상법〉만 들어갔지요. 어쨌든 자한당까지 〈상법〉 개정의 논의에 참여하겠다는 합의를 이끌어내는 성과였습니다.

이후 이 합의를 근거로 법사위 간사인 송기헌 민주당 간사와 김도읍 자한당 간사에게 〈상법〉 논의를 해야 한다고 수없이 주장했지요. 특히 민주당에는 대통령의 약속인 만큼 논의를 조속히 해야 한다고 입박했고요. 또한 논의를 이끌어내기 위해 개정이 왜 필요한지와 주요 내용들을 설명하기 위해 민주당 법사위원들을 위한 〈상법〉 간담회를 추진하기도 했습니다. 그런데 그 자리에 민주당 의원들이 오지 않아 간담회는 무산되었어요. 민주당 법사위원 중에는 〈상법〉 개정에 관심 있는 의원이 없었고, 정부·여당에게 공정 경제는 후순위이었던 거죠.

주 앞서 한참 이야기했었지요. 경제개혁연대에서 가장 집중했던 '일감 몰아주기' 문제로 이야기를 이어보죠. <상법>뿐 아니라 <공정거래법> 개정에도 힘을 쏟았습니다.

채 심각한 문제를 갖고 있는 일감 몰아주기가 가능한 이유는 재벌 총수가 의사결정을 독식하고, 주주들이 문제 제기를 할 수 없는 기업지배구조 때문입니다. 〈상법〉 개정을 통해 주주들이 이런 문제를 제기할 수 있도록 하게 만들려고 했던 것인데, 법이 개정되어도 사적 자치의 영역이라 문제가 개선되려면 시간이 많이 걸릴 수밖에 없습니다. 그래서 국가의 공권력을 이용할 수밖에 없고, 〈공정거래법〉의 규제 강화가 필요해 보였어요.

박근혜 정권 시절인 2016년 국회에 들어오자마자 정부가 기업지배구조 개선 관련 시행령을 바꿀 가능성이 없다고 판단하여 입법을 통해서 바꾸려고 〈공정거래법〉 개정안을 냈는데, 그 핵심은 일감 몰아주기 규제를 강화하고, 지주회사제도를 바로잡아 지배주주의 지배권 강화와 경영권 세습에 악용되는 것을 개선하려는 것이었습니다.

현상도 알고, 문제도 알고, 해법도 아는데 문제 해결이 되지 않고 있습니다. 그만큼 기득권의 저항이 심한 거죠. 재

벌로부터 자유로운 정치 집단도 없는 것 같습니다. 진보·
보수를 떠나서, 여야를 떠나서 재벌들의 이익을 대변하는
사람들은 어디나 있었습니다. 300명의 의원들 중 공정한
경제 생태계 만드는 일에는 저 혼자 매달려 있는 것 같았습
니다. 보수 진영은 무조건 반대이고, 진보 진영은 회피해요.

2017년 문재인 정부가 들어서고 경제개혁연대 소장이
었던 김상조 교수가 공정거래위원장이 되었는데, 김 교수
는 재벌의 자율적인 변화를 통해서 문제들이 해결될 수 있
게 노력하겠다는 방침이었어요. 하지만 재벌이 스스로 변
화해서 바뀐 것은 없었죠. 문 정권도 임기 2년 넘게 지나는
동안 개정 입법안이 있기 때문에 시행령을 고치기 어렵다
는 변명을 해요. 그러다가 2019년 8월이 되어서야 법 개정
을 포기한다고 결론을 내고 9월에 시행령 개정을 통한 공
정 경제 정책을 발표했습니다. 하지만 정부 정책은 굉장히
미흡한 수준이에요. 문 정권도 공정 경제를 말로만 얘기하
지 실행 의지가 없다는 생각이 들었습니다.

아직 시작되지 않은
문재인 정권의
경제개혁

유일한 성과,
스튜어드십코드

주 문재인 정부가 소득 주도 성장에 주력하느라 큰 방향성인 경제
민주화와 공정 경제 관련해서는 미흡하다고 평가했습니다.

채 법률 개정이 아니어도 기업지배구조 개선을 위해 할 수 있
는 우회적인 방법이 있는데요. 시행령 등 정부가 직접 고칠
수 있는 것들을 추진하는 것입니다. 정책을 통해서 할 수
있는 것도 많은데, 솔직히 기대에 미치지는 못했어요.

유일하게 성과라고 할 수 있는 것은 시장에서 주주들이
직접 나서서 회사를 바꿀 수는 스튜어드십코드(stewardship
code, 기관투자자의 수탁자 책임 원칙)를 도입한 것입니다. 기관

투자자가 집안 재산을 관리하는 집사steward처럼 보유한 주식의 기업 의사결정에 적극적으로 참여하라는 행동 지침이지요. 스튜어드십코드는 2008년 금융 위기 이후 주주들이 기업의 리스크 관리를 소홀히 했다는 비판이 나오자 2010년 영국에서 처음 시작됐습니다. 재벌 총수의 독단적인 기업지배구조를 견제해야 한다는 세계적인 추세이지요.

기관투자자는 고객들의 돈을 위탁받아 자금을 조성해 주식, 채권, 부동산 등에 투자를 합니다. 당연히 수탁자로서 고객들을 위해서 수익을 얻기 위해 노력할 의무를 갖는 것이죠. 이때 기관투자자가 주식에 투자한 경우 그 회사의 주주이고, 주식 투자 수익을 올리기 위해 주주로서 주주권 행사 등 노력을 해야 합니다. 이것이 기관투자자의 수탁자 책임 원칙입니다.

국민연금은 국민의 연금 보험료를 받아 운영해 수익을 내서 노후 자금으로 돌려줘야 하는 의무를 가진 수탁자인 우리나라 최대의 기관투자자이죠. 하지만 국민연금이 코스피·코스닥 시가총액의 7%에 해당하는 금액을 국내 기업에 투자하고 있음에도 기업의 이사회와 경영진을 견제하는 역할을 제대로 하지 못하고 '찬성 거수기'에 불과하다는 비판을 받아왔습니다. 정부는 이런 문제를 해결하고자 2015년부터 국민연금의 스튜어드십코드 도입을 추진했고 2018년 7월 국민연금기금운용위원회에서 의결했죠.

국민연금의 장기 수익성 제고와 공적 연금의 사회적 책임 강화라는 측면에서 스튜어드십코드 안착은 대단히 중요한 과제예요. 최근 국민연금은 투자회사에 경영에 관한 공개서한 발송을 시작으로 중점 관리 기업 선정, 적극적 주주권 행사 등 지배주주의 전횡을 막고 기업 가치를 높여 운용 수익률을 높이고 결과적으로 가입자인 국민의 노후 자금을 키우는 노력을 하고 있는 중이죠. 단순한 의결권 행사를 넘어 주주 제안권 행사를 통해 이사회에 독립된 이사를 진출시킬 날도 멀지 않을 것이라 생각합니다.

앞서 잠깐 언급했지만, 2019년에 대한항공 조양호 회장의 이사 재선임을 부결시켰는데, 국민연금과 기관투자자들의 반대표결로 이루어졌죠. 결국 시장의 힘으로 기업 지배구조를 개선하는 노력이 성과를 냈고, 그 맥락에서 주주들이 제 역할을 하는 것이 지배구조의 근본적인 개선의 방법론이 될 수 있는 거죠.

주 우리나라는 재벌과 특수 관계인들에 의한 영향력이 너무 커요. 결국 기업지배구조를 바꾸려면 소수주주들이 더 나서야 하는데, 스튜어드십코드는 그중에서 기관투자자들의 역할을 강화시키는 방안이군요.

채 소수주주는 개인투자자, 일명 개미투자자와 기관투자자가 있다고 해보지요. 대부분 개미투자자들은 단기적인 시세 차익을 노리고 오기 때문에 적극적으로 의결권을 행사해서 구조를 바꾸는 것은 이해관계가 맞지 않아요. 결국 장기 투자자인 기관투자자들이 적극적 주주의 역할을 해야 하는 것이지요.

기관투자자들은 이 회사의 장기적 이익을 도모해야 하는 이해관계자로서 지배주주들과 같이 장기적인 의사결정을 하고 기업 경영에 참여해야 되는 거예요. 아주 근본적으로는 스튜어드십코드가 제대로 작동해서 기관투자자가 주주 역할을 함으로써 재벌 총수들이 전횡했던 이사회와 감사기관을 독립적으로 만들어서 이 경영진들을 견제하고 감시 감독하는 것이 좋은 기업지배구조를 만드는 길입니다.

첫 단추를 잘못 낀
정책 방향

<u>주</u> '공정 경제, 혁신 성장' 모두 놓칠 수 없는 것인데, 어떻게 풀어가야 할까요? 특히 공정과 정의를 국가 어젠다(agenda, 의제)로 선정한 문재인 정권의 역할이 클 것 같습니다.

<u>채</u> 기업에 대한 바른 이해에서부터 논의가 출발되어야 합니다. 많은 사람들이 기업과 기업인을 구분하지 못하는 데서 오는 잘못된 생각에 빠져 있어요. 〈상법〉상 주식회사제도 특히, 상장회사는 '회사'라는 법인격이 '주주'나 '경영자'인 개인들과는 완전히 다른 독립체임을 전제로 합니다. 완전한 남남이에요. 하지만 많은 사람들이 법인격과 개인을 구분하지 않습니다. 그러다 보니 기업과 재벌을 바라보는 관

점에서 문제들이 발생해요.

기업의 자유롭고 생산적인 경영 활동을 위해 규제를 완화하려면 진보 진영에서는 기업인 특히, 재벌 총수에게 특혜를 준다면서 규제 완화를 반대합니다. 한편 불법행위를 저지른 경영진·재벌 총수에게 엄한 처벌을 하는 경우 보수 진영은 기업 때리기·기업 옥죄기라며 처벌을 반대하죠. 진보·보수 모두 현행 주식회사제도를 제대로 이해하지 못하고 기업과 기업인을 동일시하기 때문에 생긴 오류입니다. 삼성과 이건희는 다른 존재예요. 이재용도 삼성이 아니죠.

이제는 진보·보수를 떠나 합리적인 개혁의 시대를 맞이해야 합니다. 한국 경제의 양극화 문제를 해결하고 저성장 국면을 돌파하기 위해 이제 우리에게는 재벌개혁과 규제개혁이 모두 필요해요. 다만 순서와 속도는 다를 수 있습니다. 문재인 정권은 소득 주도 성장(최저임금 인상 등), 혁신 성장(규제개혁 등), 공정 경제(재벌개혁 등)를 나열하며 항상 동시에 추진하겠다고 해요. 여기서부터 첫 단추가 잘못 끼였습니다. 공정하지 못한 경제 생태계에서는 혁신도 안이뤄지고, 성장한들 그 성과를 고르게 누리지 못해요. 따라서 공정한 경제 생태계를 만드는 공정 경제가 가장 먼저 신속히 진행됐어야 합니다.

공정 경제의 핵심은 대-중소기업 간 불공정거래의 근절, 재벌의 일감 몰아주기 근절, 대-중소기업 상생 협력 강화, 기업지배구조 개선이에요. 즉 총수 일가의 전횡적·불법적 경영이 사라지고, 시장에서 더 이상 대기업이 경제적 약자에게 횡포를 저지를 수 없고, 중소기업도 경쟁력을 갖출 수 있는 환경 속에서 대-중소기업이 지속 가능한 발전을 위해 동반자의 관계를 맺는 것입니다. 그리고 규제개혁을 통해 기존 기업이든 새로운 창업 기업이든 신성장산업을 발굴한다면 노동자들 급여도 오르고 일자리도 생길 거예요. 특히 우리나라 경제의 허리인 중소기업이 살맛나면 거기에서 일하는 노동자들의 급여도 올라 소득 주도 성장이 될 수 있을 겁니다.

안타깝게도 문 정권은 세 가지 정책을 동시에 추진한다고 했지만 실제로는 소득 주도 성장을 가장 먼저, 혁신 성장이 그 다음, 공정 경제는 이제 거의 뒷전이에요. 중소기업이 급여를 올려줄만한 여력이 없는데도 일단 무턱대고 최저임금을 급격히 올렸습니다. 최저임금을 받던 노동자들만 급여가 올라가는 것이 아니죠. 연공서열에 따라 급여가 정해지는 우리나라에서는 모든 연차와 직급의 급여가 연쇄적으로 오를 수밖에 없는 상황이 됩니다. 결국 취약 계층은 일자리를 잃고, 일자리를 지키고 있는 노동자는 급여 인상의 효과를 누리기 때문에 소득 양극화가 더 심해지는 것이죠.

문재인 정권에 당부하고 싶은 말이 있습니다. 2년이나 남았습니다. 오늘부터 당선 첫 날이라 생각해도 좋을 만큼 늦지 않았습니다. 공정 경제를 위한 정책이 우선이에요. 재벌개혁을 비롯한 경제민주화를 위한 〈상법〉과 〈공정거래법〉 개정을 통해 국정 어젠다인 공정과 정의를 실현하고, 민생을 살리며, 미래 사회를 준비해야 합니다. 불공정한 대-중소기업 간의 거래 관행, 대기업의 불공정한 경영 형태를 바꾸지 않으면 한국 경제는 체질 개선할 수 없어요. 지금과 같이 재벌 대기업 의존도가 높은 경제가 지속되면 국가 리스크는 계속 축적됩니다. 한국 경제는 지속 가능하지 않아요.

주 그렇다면 지금 당장 정부의 의지로 실행 가능한 공정 경제 정책은 무엇이 있을까요?

채 꼭 법의 개정을 통해서 하지 않아도 되는, 현재 시행령의 개정 같은 정부의 의지를 가지고 바꿀 수 있는 것으로 일부 부작용을 해결할 수 있다고 생각해요.

〈상법 시행령〉으로 기업의 경영 투명성을 확보하고 지배구조를 개선할 수 있는 예를 들어보겠습니다. 현행 시행령에서는 자산총액 2조 원 이상인 대형 상장회사에 대해서는 감사위원회 설치를 의무화하고 있습니다. 또한 이사회 구성원의 과반수를 사외이사로 선임하도록 하고 있는데, 이를 1조 원으로 낮추면 더 많은 기업이 형식적 지배구조 요건을 갖출 수 있어요. 소수주주의 권리를 높이는 방법도 있습니다. 현행 시행령에서는 자본금 1천억 원 이상인 회사에 대해 소수주주권 행사 요건을 완화하고 있습니다. 이를 자산총액 5천억 원 이상으로 변경하면 더 많은 소수주주가 권리를 행사할 수 있어요. 총수 일가가 회사의 신용을 사적으로 이용하지 못하게 하는 방안도 있습니다. 현행법상 상장회사는 그 최대 주주와 특수 관계인에게 신용공여를 하지 못하도록 되어 있습니다. '경영상 목적을 달성하기 위한 경우'에만 예외적으로 신용공여를 허용하고 있어요. 특수 관계자에게 신용공여를 해놓고서 경영상 목적을 이유로 다 빠져나갈 수 있습니다. 자금 지원과 단순한 자금 운용 목적의 신용공여는 경영상 목적을 달성하기 위한 경우가 아니라고 명시할 필요가 있습니다.

〈공정거래법 시행령〉도 이야기해볼 수 있지요. 일감 몰아주기 규제를 위해 간접 지분을 포함한 상장 법인의 지분 요건을 20%로 낮추거나 〈보험업감독규정〉을 개정하여 보험회사의 계열사 취득가액을 취득원가가 아닌 공정가액으로 바꾸는 방안 등은 당장 시행령 개정으로 할 수 있습니다.

마지막으로 〈증권의 발행 및 공시 등에 관한 규정〉, 〈공시대상기업집단 소속회사의 중요사항 공시 등에 관한 규정〉, 〈대규모 내부거래에 대한 이사회 의결 및 공시에 관한 규정〉 등 규정의 개정만으로도 가능한 것이 있습니다. 상장회사의 상장 요건으로 법률의 기업지배구조 관련 조항을 잘 지키는지 검증하는데, 상장 이후에는 보지 않아요. 상장 이후에두 상장 요건을 계속 유지할 수 있도록 하는 동태적 적격성 심사를 도입하면 상장회사의 기업지배구조를 개선할 수 있습니다. 또한 이사회에서 회사의 중요한 의사결정이 어떤 논의를 거쳐 이뤄진 것인지, 주주총회 안건에 대해 전체 주주가 어떤 입장을 보였는지에 대해 확인할 수 없거나 꽤 번거로운 절차를 거쳐야 알 수 있습니다. 이에 현재 자산 2조 원 이상의 유가증권 상장회사 159개만 주주 참석률, 안건별 찬반 비율을 공시하는데 이를 전체 상장사로 확대하고, 이사회 결의로 결정한 주요 경영 사항을 공시할 때에는 그 이사회의사록 전체를 첨부하도록 하여 주주에게 필요한 정보를 충실히 공개하도록 하는 등 규정을 개정하여 기업의 의사결정 투명성을 제고해야 합니다.

경제를
개혁하고 싶은데,
정치가
발목을 잡네요

4

저 좀
나가게 해주세요

감금의 시간,
6시간 30분

주 앞서 경제민주화를 위해 고군분투한 다양한 입법 활동들을 들어 봤습니다. 한마디로 '나 홀로 경제구조개혁을 외쳤다'는 생각도 듭니다. 아무래도 정책을 바꾸려면 정치에 좀 더 적극적이어야 겠지요. 그래서인지 경제개혁보다 정치개혁이 먼저인 것으로 보입니다.

벌써 1년이 훌쩍 지났습니다. 2019년 4월 정치개혁·사법개혁안 패스트트랙(Fast track, 신속 처리 대상 안건 지정제도) 과정에서 6시간 30분가량 감금을 당했어요. 재벌개혁에 집중하던 초선 비례대표가 어떻게 정치개혁, 검찰개혁의 한복판에 서게 된 겁니까?

채 당시 '고위공직자범죄수사처(이하 '공수처') 법안'을 처리할 사법개혁특별위원회(이하 '사개특위') 위원으로 보임되는 과정에서 의원실에 들이닥친 자한당 의원들에게 출입을 저지당했어요. 정치개혁이 경제개혁보다 우선해야 새로운 변화를 도모할 수 있다는 큰 배움이 있었습니다. 거대 양당 소속이었다면 경험하지 못했을 일이에요.(웃음)

먼저 2018년 12월의 이야기부터 시작해야겠어요. 예산 정국에서 '더불어한국당(더불어민주당+자유한국당)'이 탄생했죠. 연동형 비례대표제 도입을 위한 〈공직선거법〉(이하 '선거법') 개정 논의가 정치개혁특별위원회(이하 '정개특위')에서 무산되자, 〈선거법〉을 협상하지 않고 그냥 넘어가려고 한 민주당과 자한당이 짬짜미를 해서 국회에서 2019년 예산안을 통과시켰습니다. 당시 3당이었던 바미당은 교섭단체임에도 거기서 배제당하는 끔찍한 수모를 당한 거죠. 바미당, 민주평화당(지금의 민생당 전신 중 하나, 이하 '평화당'), 정의당이 모든 것을 걸고 촉구했던 선거제도 개혁과 예산안 동시 처리 계획이 깨졌습니다.

더불어한국당의 짬짜미에 항거하는 의미로 손학규 바미당 대표가 단식을 시작했어요. 연동형 비례대표제 도입을 위한 〈선거법〉 개정을 반드시 해야 한다는 이유였습니다. 당대표 비서실장을 맡고 있던 저와 김관영 원내대표는 손 대표와 함께였죠. 열흘 동안 국회 본청 로텐더홀에서 쪽잠을 청했습니다. 손 대표가 단식을 하는 동안 저는 바미당, 평화당, 정의당, 민중당, 녹색당, 우리미래 등 모든 원내외 정당과 전국 570여 개 시민사회 단체들이 선거제도 개혁을 위해 구성한 '정치개혁 공동행동'과 긴밀하게 소통하면서 각종 집회 기획 등 여론 조성을 이끌었습니다.

김 대표는 새로 취임한 자한당의 나경원 원내대표를 설득했어요. 연동형 비례대표제 도입을 골자로 하는 〈선거법〉 개혁에 합의를 하면 당신은 대한민국의 민주주의를 발전시킨 여성 지도자라는 평가를 받을 것이라고요. 결국 나 대표가 합의를 했습니다. 민주당 차례였죠. 문재인 대통령이 2012년부터 연동형 비례대표제 도입을 약속한 것에 대한 책임을 물었습니다. 임종석 청와대 비서실장이 단식 중인 손 대표를 찾아왔을 때도 〈선거법〉 개혁에 동의한다는 의견을 끌어냈어요. 민주당도 합의해야만 하는 상황을 만들어냈습니다. 결국 2018년 12월 15일 연동형 비례대표제 도입을 위한 〈선거법〉 개정에 5당 합의가 만들어진 것이죠.

주 합의가 이루어진 날, 국회 앞에서 원내외 정당과 '정치개혁 공동행동'이 〈선거법〉 개정 합의를 축하하는 횃불집회를 하던 장면이 떠오릅니다. 하지만 그 기쁨이 오래가지 못했어요.

채 설득과 타협의 과정으로 문제가 풀렸다고 생각했어요. 그러나 자한당이 2019년 초가 되자 국회의원 정수를 오히려 줄여야 한다는 등 비례대표를 없애야 한다는 위헌적인 〈선거법〉 개정안을 제시했습니다. 자한당이 합의를 깬 거죠. 〈선거법〉을 정상적으로 논의할 수 있는 환경이 무너졌습니다.

바미당은 자한당을 다시 논의의 틀로 끌어들이기 위해 2019년 4월 민주당과 패스트트랙이라는 절차를 쓰기로 합의를 한 거죠. 민주당은 바미당이 원하는 〈선거법〉 개정안과 자신들이 원하는 검찰개혁안을 같이 패스트트랙 절차로 가져가는 것을 제안했고, 정개특위의 〈선거법〉 개혁안과 사개특위의 검찰개혁안이 급물살을 타게 되었어요.

주 이때부터 바미당은 쪼개지기 시작했습니다. 아마도 패스트트랙이 바미당의 분열을 촉진시킨 것 같은데, 어떤 상황이었나요?

채 김관영 원내대표가 민주당과 패스트트랙 합의를 하자 당내 바른정당계가 손 대표의 단식부터 약 5개월간 아무 말 없다가 갑자기 〈선거법〉 개정에 반대하기 시작했습니다. 4월 4일 보궐선거 패배로 시작된 당권 싸움에 또 다른 불씨가 된 것이죠. 총선이 1년 앞으로 다가오자 정치적 셈법이 달라지기 시작한 것으로 보입니다.

손 대표를 중심으로 한 당권파는 패스트트랙 찬성, 바른정당계와 안철수 없는 안철수계가 함께 비당권파로 뭉쳐서 반대로 의견이 갈린 것입니다. 반대의 이유는 〈선거법〉 개정을 자한당이 동의하지 않기 때문이라는 거였죠. 그동안 합의를 깨고, 위헌적 〈선거법〉 개정안을 제시하고, 정개특위 운영마저 파행시킨 자한당의 태도를 봐왔으면서 계속 합의를 하라는 거였죠.

4월 23일 4시간이 넘는 의원총회에서 민주당 등과 합의한 〈선거법〉 개정안 추인을 놓고 격렬한 논쟁이 있었고, 결국 찬성 12표 대 반대 11표로 추인이 되었죠.

주 이 추인이 끝이 아니었어요. 어쩌면 패스트트랙 국면의 도화선이 아니었나 생각합니다. 추인 이후 4월 24일 새벽 바미당의 사개특위 위원이었던 오신환 의원이 페이스북에 공수처 법안에 공개적으로 반대하는 입장을 냈어요. 결국 이 과정으로 사보임 문제가 생긴 거죠?

채 패스트트랙의 절차를 진행하기 위해서는 사개특위 위원의 5분의 3 이상이 동의를 해야 합니다. 오신환 의원이 반대하면서 5분의 3을 채우지 못하게 된 것이죠. 24일 아침부터 오후 5시까지 오 의원을 김관영 원내대표와 제가 계속 만나고 전화하면서 설득했지만, 실패했어요. 대형 사고가 터진 거죠.

민주당과 검찰개혁 법안 역시 〈선거법〉과 같이 통과시키기로 합의했고, 의원총회에서도 추인을 받았기 때문에 바미당은 합의를 지켜야 하는 정치적 의무를 갖게 되었죠. 이를 지키기 위해 김 대표는 사보임을 결정했습니다.

사보임은 〈국회법〉과 국회 관례에 따라 교섭단체 원내대표의 권한입니다. 원내대표가 상임위 소속 의원의 사보임을 신청하면 불허한 사례가 거의 없었어요. 김 대표는 사보임 결정에 대해 고발까지 당했지만, 결국은 검찰에서 무혐의 처분이 났습니다.

주 바미당은 검찰개혁에 찬성하였고, 검경 수사권 조정과 공수처 설립에도 찬성 아니었나요? 오신환 의원은 왜 공수처 설립을 반대한 거죠?

채 네, 맞아요. 바미당은 공수처 설립에 대해서 입장이 명확했어요. 정치권력으로부터 독립적인 수사기관을 만들자는 것입니다.

검찰개혁은 기존의 검찰이 너무 많은 권한을 갖고 전횡한 부분이 있고, 그 권한을 과도하게 남용했을 때 견제와 책임을 지우는 부분이 약했습니다. 검찰의 잘못을 책임지는 것은 정권인데, 정권이 오히려 검찰의 권한과 권력을 이용해서 남용한 것이 문제였지요. 그런 면에서 검찰의 힘을 약화시키고 검찰을 견제할 수 있는 새로운 기구가 필요했습니다. 검찰개혁의 과제 중 하나가 검찰과 경찰의 수사권 조정인데 그와 마찬가지로 공수처도 경찰처럼 수사하는 권한만 갖고, 재판 회부 여부를 판단하는 기소권은 검찰이 가져야 한다는 원칙이었습니다. 하지만 이번 검경 수사권 조정이나 공수처 모두 처음부터 완벽한 수사권과 기소권 분리는 어렵다고 생각했습니다. 일단은 한 발자국 앞으로 나가는 것이 중요하다고 생각해서 합의안이 도출되었습니다.

자한당을 제외한 여야 4당은 고위 공직자인 검찰, 판

사, 경찰에 한해서는 공수처가 기소권을 갖자는 것에 합의를 했어요. 이 부분에서 오 의원은 공수처가 수사권만 갖고 기소권은 갖지 않아야 한다는, 양보할 수 없는 소신이 있었던 겁니다.

여야 4당이 합의를 했고, 국민에게 약속을 한 것이기에 당 지도부 입장에서는 오 의원의 부담을 덜게 하기 위해서라도 사임시키고 저로 보임한 것이에요. 결국 김 대표는 4월 24일 오후 6시 사개특위 위원으로 오 의원에서 저로 사보임하는 결정을 했습니다. 제가 법사위 위원이어서 그동안 당내 검찰개혁 논의에 참여했었기에 적격이었죠.

주 그렇게 사개특위 위원이 되면서 검찰개혁의 한복판에 서게 된 것이네요. 감금의 주인공이 된 것이고요.

채 그렇죠. 김 대표의 결정이 있자마자 바로 사개특위의 검찰개혁 법안을 만들기 위한 논의에 투입됐어요. 그런데 자한당이 회의 개최를 막았기 때문에 사개특위를 열 수 없었고, 일단 법안 성안을 위해 원내대표와 간사들의 협의체를 구성했습니다. 민주당의 홍영표 원내대표, 이상민 사개특위 위원장, 백혜련 의원 그리고 바미당의 김관영 원내대표, 권은희 의원과 함께 오후 6시부터 모여서 검찰개혁 법안을 논의하기 시작했어요. 마라톤 회의가 이어졌고, 결론이 나지 않아서 각자 당의 입장을 정리해서 새벽 1시에 다시 만나기로 했습니다.

새벽 1시 회동에서 서로의 의견을 제시했고 새벽 3시까지 이어졌어요. 너무 늦은 시각이라 집에 가는 것을 포기했죠. 그렇게 새벽 3시에 의원실로 들어가 접이식 침대에 쓰러져 잠이 들었습니다.

주 아니, 새벽 3시에 집에도 못 가고 의원실로 향했군요. 긴박감이 느껴지는 하루의 새벽입니다. 4월 25일이 운명의 날이지요. 인생에서 가장 긴 하루가 아니었을까 싶습니다.

채 제 인생의 한 장면이, 한국 정치사의 한 장면이 됐어요.

아침 일찍부터 기자들의 전화에 잠을 깼고, 갑자기 자한당의 이양수, 이만희 의원이 찾아왔어요. 잠결에 씻지도 않았으니 조금 이따가 다시 오시라 양해를 구했습니다. 겨우 일어나서 기자들과 통화를 하다 국회 남성 휴게실에서 씻고 돌아오니 벌써 자한당 의원 10명이 의원실의 테이블에 둘러 앉아 있었어요. 선발대였던 두 의원이 전화로 연락해서 한 명, 한 명 릴레이 하듯 온 겁니다. 이때부터 감금은 시작된 거죠.

한 시간쯤 의원실에 찾아온 동료 의원들을 환대하는 기분으로 대화를 나누다가, 오늘 새벽까지 했던 법안 회의가 있어 나가야 하는 상황을 이야기하고 일어섰어요. 그랬더니 제 앞을 가로막기 시작했습니다. 한 명 한 명이 이야기 좀 하자, 할 말이 있다 하더라고요. 얼굴 붉히고 싶지는 않은 마음에 좀 더 듣겠다고 하고 다시 앉았습니다. 마침 회의 진행 상황을 확인했더니 새벽에 논의한 내용으로 법안을 만드는 것이 늦어져 회의도 늦어지고 있었고요. 오후 1시에 법안을 논의하는 일정이 잡혔습니다.

자한당 의원들이 돌아가면서 하는 이야기는 같은 것이었어요. '채 의원이 사개특위에 들어가는 것은 적절한 절차를 거치지 않은 것이다. 불법적인 요소가 있다. 사개특위에 들어가서 법안을 논의하면 안 된다.' 반복해서 일방적인 말씀들을 했죠. 여야 합의에 의해서 법안들이 통과되었던 관행들이 있어왔고, 패스트트랙이라는 것 자체는 굉장히 잘못된 절차라는 것이었습니다. 설득당하기가 어려웠어요.

알고 보면 이 패스트트랙을 포함한 '국회 선진화법'(다수당의 일방적인 법안이나 안건 처리를 막기 위해 2012년 제정된 〈국회법〉 개정안)은 모두 자한당의 전신인 새누리당이 19대 총선을 앞두고 공약으로 내걸었고, 총선 직후 18대 국회 마지막 본회의에서 재석 192명 중 127명 찬성으로 가결시킨 법안이기 때문입니다. 찬성한 의원 중에는 당시 의원이었던 박근혜 전 대통령을 포함해 70명에 육박하는 새누리당과 자유선진당 의원들이 기록되어 있어요. 〈국회 선진화법〉의 명분은 갈등과 폭력이 일상화됐던 국회를 대화와 타협의 장으로 만들자는 것이었습니다. 당시 한미 자유무역협정 심의와 비준에 반대하며 국회 본희의장에 최루탄을 터뜨리는 사건도 있었으니까 역대 최악의 폭력 국회라는 오명을 벗기 위한 노력이기도 했을 겁니다. 이런 과정을 거쳐 만들어진 〈국회법〉에 따른 절차인데, 자신들에게 불리

2019년 4월 25일, 사개특위 회의에 참석하지 못하도록 자한당 의원들에 의해 감금된 채이배 의원이 창문 틈을 통해 감금 상황을 알리면서 창문을 뜯고서라도 나가겠다며 기자들과 인터뷰를 하고 있다.
(사진 ⓒ 연합뉴스)

하니 이전의 역사를 뒤집는 주장들을 하는 거죠.

주 당시 자한당 어느 의원은 감금이 아니고 채 의원과 같이 매우 화기애애한 분위기로 이야기했고 마술도 같이 했을 정도였다며 언론 인터뷰를 하기도 했어요.

채 저는 어쩔 수 없이 말씀을 들었죠. 앞선 3시간은 몸싸움을 해서 억지로 나가야 될 절박한 시점은 아니었습니다. 대립적으로 적대적인 환경을 만들 필요는 없다 생각해서 예의를 다했어요. 그 와중에 민경욱 의원은 마술쇼를 보여주면서 자한당 의원들의 지루한 시간을 달래고자 했습니다. 심지어 보좌관에게 연락해 마술가방을 들고 오라 하더군요. 점심시간이 되자 이 방에서 밥을 먹어야겠다며 샌드위치와 김밥을 시키고 샌드위치를 나눠 먹더군요.

오후 1시에 법안 논의를 시작하자는 연락이 왔어요. 12시 50분부터 1차 탈출 시도를 감행했습니다. 그때부터 자한당 의원들이 온몸으로 막아섰죠. 저를 포함한 우리 방 보좌진 4명과 자한당 의원 11명이 마주섰어요. 11명이 저와 보좌진 4명을 막아서서 결국 못나가게 됐습니다. 실랑이를 하고 대치했어요. 소파를 치우려는 쪽과 소파로 성벽을 쌓는 편으로 나뉜 겁니다. 저는 몸싸움하겠다는 의지가 없었기에, 계속 의원들 한 명 한 명과 대화를 시도했습니다.

제 사무실이 6층인데, 바로 옆이 옥상 화단입니다. 그쪽 방향에 있는 유리창을 깨면 난간을 통해서 화단 쪽으로 나갈 수 있을 것 같았어요. 창문을 통해서 기자들과 이야기를 나눴습니다. '사개특위 관련한 법안 논의 중인데, 제가 참석해야 합의안이 도출되고 회의가 소집된다. 그런데 감금 상태라 논의가 안 되는 상황이다. 경찰, 소방에 도움을 요청했다. 필요하다면 창문을 뜯어서라도 나가겠다.'

잠시 후 경찰도 오고 소방도 왔습니다. 소방대원에게 창문을 깨주면 탈출을 하겠다 했는데, 생명의 위협을 느끼는 상황이 아니라면 자칫 떨어지는 사고가 날 수 있으니 도울 수 없다 하더군요.

방 안에 있던 보좌관과 창밖에 있던 당직자가 창문을 두드리고, 난간에 이불을 까는 등 창밖에서 뭔가를 시도하려는 것에 불안을 느꼈던 자한당 일부 의원들은 이러다가 잘못하면 사람이 다칠 수도 있으니까 나가자고 했습니다. 하지만 다른 일부 의원들은 끝까지 여기를 지켜야 된다며 토론을 하기 시작했어요. 정갑윤 의원이 그만 나가자는 말씀을 했는데, 여상규 법사위원장이 나경원 대표에게 전화를 해서 상의를 하더군요. 통화 후 자한당 동료 의원들에게 결론을 공유했습니다. '경찰에 끌려 나오는 모습을 보여야 된다, 끝까지 지켜라'라는 것으로요.

그러다 우리 당직자가 창밖에서 창문을 강하게 두드리는 소리를 창문을 깨는 것으로 착각하고 놀라서 해산했습니다. 오후 1시 이후 몸싸움과 말싸움으로 대치했던 시간들은 정말 훌쩍 지났더군요. 6시간 30분의 감금이 끝났습니다.

정치의 시간,
패스트트랙

주 감금에서 풀려난 직후 '검찰개혁을 위한 법안 논의를 진지하게 시작하고, 반드시 <선거법> 개정을 통한 정치개혁과 검경 수사권 분리를 위한 검찰개혁을 위해 노력하겠다.'고 강조했습니다. 그러면서 감금한 의원들에 대해서는 고소 고발 조치 등을 하지 않았습니다. 국회의 중진 의원들도 본회의장 점거는 봤어도 의원실을 점거해서 의원 감금하는 것은 처음 본다는 반응일 정도였는데요.

채 감금 사건이 있자마자 정의당과 시민단체가 이미 고발을 했어요. 불법 감금 행위는 당연히 처벌을 받아야 마땅하지만 제가 직접 같은 상임위 활동을 하는 동료 의원들을 고소하는 것은 불편한 마음이 들었습니다.

그래서 이렇게까지 자한당이 패스트트랙을 막으려 했던 이유를 이해해보려고 노력해봤어요. 2018년 12월의 예산 짬짜미에서부터 연동형 비례대표제 도입 합의 번복, 비례대표를 없애 의석수를 줄이는 〈선거법〉 개정안 제안 그리고 저를 감금한 일을 정당방위로 해명하는 일 하나 하나······. 노력해봤지만 도저히 이해할 수가 없었습니다. 이해가 되지 않으니 용서할 수도 없었습니다. 정말 나쁜 정치를 보고 경험했어요.

저를 감금한 것보다 더 나쁜 것은 입법기관인 국회를,

한국 정치를 발전시키고 더 나은 민주주의를 실현하는 곳이 아니라 사리사욕을 계산하고 취할 수 있는 곳으로 만들었다는 점입니다. 지난해 4월 29일에 패스트트랙 절차가 시작됐고, 연내 〈선거법〉 개혁과 검찰개혁 법안들의 통과가 예정됐습니다. 두 법안을 더 논의할 수 있는 8개월의 시간이 있었어요. 패스트트랙 절차를 시작했던 논리 중 하나는 결국 이렇게라도 해야 자한당이 논의 테이블로 돌아올 수 있다는 것이었습니다. 그런데 그 8개월 동안 자한당은 단 한 번도 성실하게 임한 적이 없어요.

2019년 내내 국회 폭력 사태, 장외 투쟁, 삭발 투쟁으로 대척하던 자한당은 국회 운영에 대한 합의를 도출할 때마다 패스트트랙 지정 과정에서 발생한 고소 고발 취하 문제를 꺼냈습니다. 자신들의 위법에 대한 처벌을 피하기 위해 고소 고발 취하를 목표로 협상했다는 것이 확인된 것이지요. 이런 이유라면 어떤 합의안을 가져가도 합의를 할 생각이 없겠다는 생각마저 들었습니다.

실제로 패스트트랙 절차의 일정이 진행되는 지난해 7월에 자한당이 비례대표만을 위한 별도의 정당을 생각하고 있다는 이야기도 들었습니다. 자한당은 이미 연동형 비례대표제가 도입되면 자신들은 꼼수로 위성 정당을 차려서 이익을 도모할 수 있을 것이라는 계산을 하고 있었어요. 이렇든 저렇든 손해 볼 것은 없으니 동물 국회를 만드는 데만 집중하고 있었던 겁니다.

주 나경원 자한당 원내대표는 검찰에 제출한 의견서에서 "젊고 건장한 채 의원이 '감금'됐다는 것은 채 의원을 너무 나약한 존재로 보는 것이다"라고 했습니다.

채 제가 창문 틈으로 한 기자들과의 인터뷰가 미국 CNN 뉴스에 보도될 정도였습니다. 국가적으로 창피한 일이죠. 대한민국 정치의 최악인 장면 중 하나로 기록됐어요. 그래서 저는 패스트트랙 당시의 감금 피해자였지만 언급을 자제해왔어요. 이유는 이 사건이 더 이상 회자되고 국민들께 정치적 혐오와 불신을 더하는 것을 바라지 않았기 때문입니다. 그런데 나 대표가 저를 도발한 것이죠. (웃음) 나 대표의 검찰 의견서 내용이 뉴스로 알려지자 제가 나 대표를 향해 한마디 했습니다.

"나는 젊고 건장하지만 나약하다. 사건 당시 내 방에 있던 11명과 방 밖에서 문고리를 잡고 있던 1명 등 12명의 자한당 의원을 내 힘으로 물리치지 못하고 감금되어 있었으니 나는 나약함을 인정할 수밖에 없다. 반면에 나경원 원내대표는 모든 행동이 자신의 지휘하에 이뤄졌다며 책임을 지겠다는 강인함을 보여주었다."

그러고는 검찰과 사법부에 촉구했습니다. 저의 의정활동을 방해하고 물리력을 행사해 저를 감금하도록 교사한 나 대표가 반드시 응분의 책임을 질 수 있도록 철저히 조사하고, 국회에서 다시는 이런 불행한 역사가 반복되지 않도록 간절히 바란다고요.

주 나 대표가 당시 역할을 많이 했었습니다. 2019년 12월 패스트
랙 종료 막판에도 나 대표는 패스트트랙 법안을 철회하면 '어린
이 안전법'을 통과시키겠다고 했습니다.

채 '민식이법'(〈도로교통법〉 개정안) 등 피해자 아이들의 이름을
호명하는 '어린이 생명 안전법'을 정치적 협상의 대상으로
악용했습니다. 오로지 자신들의 정치적 이익 외에는 안중
에 없다는 생각이 들었어요. 후안무치한 정당에게는 국민
들의 심판 외에는 벌을 줄 수 있는 방법이 없다고 생각했지
요. 자한당은 정말 나쁜 정당이었어요.

주 올 연초에 '검경 수사권 조정 법안'도 국회 본회의를 통과했습니
다. 지난해 4월 패스트트랙으로 지정된 4개의 법안{〈선거법〉,
〈형사소송법〉, 〈검찰청법〉, 〈고위공직자범죄수사처 설치 및
운영에 관한 법〉(이하 '공수처법')}이 모두 통과된 것이죠. 감회
가 남달랐을 것 같습니다.

채 2018년 12월부터 시작해서 1년이 넘는 지난한 과정이었습
니다. 무엇보다 당시에 같이 최선을 다했던 손학규 당대표
와 김관영 원내대표가 계셔서 이룰 수 있었습니다.
　마지막까지 개혁 법안을 저지하려는 자한당을 제외하
고 결국 4+1 협상을 통해 패스트트랙 법안의 수정안을 마
련하여 개혁 법안의 완성도와 통과 가능성을 높였습니다.
수십 년간 논의되었던 제도가 드디어 첫걸음을 떼게 되었

고, 마지막 법안의 통과를 위한 본회의 표결까지 중추적인 역할을 했다 자부하고요. 일하는 정치, 성과를 만드는 정치로 한국 정치의 시대 교체, 세대교체가 절실하다는 것을 혹독하게 깨달았습니다.

주 '검찰개혁 법안'은 통과 전에도, 통과 후에도 법안 내용에 논란이 많았습니다. 공수처에 대한 찬반 논란은 아직도 계속되고 있어요.

채 공수처는 지난 대선에서 문재인, 안철수, 유승민, 심상정 4명 후보의 공통된 공약이었어요. 검찰을 개혁하기 위해서, 고위 공직자의 부패와 범죄를 근절시키기 위해서 공수처는 오랜 기간 동안 도입하려는 노력이 있었지요. 하지만 번번이 기득권의 저항에 좌절했었습니다. 이번 '4+1 협의체'가 함께했기에 이룬 개혁이라고 자부하고요. 기득권이자 반개혁 세력의 저항을 이겨내고, 〈공수처법〉을 통과시킨 것이라 의미 있습니다.

지금도 검찰개혁에 반대하는 세력은 작은 디테일들을 문제 삼으면서, 마치 공수처 법안이 대통령이 정적을 없애는 무소불위의 칼이 될 것처럼 이야기하고, 검경 수사권 조정에 대해서는 검찰이 이후에는 아무것도 힘을 쓰지 못하고 경찰이 모든 것을 결정하는 것처럼 과도한 해석과 억지 주장을 합니다. 모두가 자신들의 지지 기반에 대한 것들만을 대변하면서 정쟁을 만들어내려는 주장입니다.

실제 논란이 되는 부분들은 답이 없는 부분이기도 합니

다. 법에서 상상 가능한 모든 상황을 설정해 모든 것을 규정할 수 없으니까요. 결국 이 부분은 법을 집행하는 단계에서 디테일을 정하고, 실행해가야 합니다. 〈공수처법〉 통과 후 6개월간의 유예 기간을 주었습니다. 이 기간 동안 공수처 설립준비단을 만들어 후속 법령 준비, 예산 마련, 청사 마련 등을 하도록 했습니다. 검찰과 경찰 그리고 공수처가 상호 견제와 협력이 이루어질 수 있도록 정부가 수사처의 새로운 규칙을 잘 마련하길 기대하고요. 물론 국회는 법안의 취지를 잘 살리면서 이후에 부작용이 없도록 끝까지 책임을 져야 합니다.

주 2020년 3월과 4월 검경 수사권 조정 관련한 정책보고서를 내었어요. 어떤 내용입니까?

채 검찰개혁을 위한 법 개정에 적극 참여한 만큼 검찰개혁이 한 걸음 나아갈 때까지 책임을 다하겠다는 생각이에요. 공수처와 마찬가지로 검경 수사권 조정 관련한 법안들도 6개월간의 유예 기간을 주었습니다. 수사종결권, 검찰의 직접 수사 범위 등 디테일한 내용을 준비하기 위한 시간이죠. 그중에서 검찰의 직접 수사 범위를 정하는 내용은 지금 당장은 경찰이 하기 어려운 부분이 있다는 것을 인정하고 당분간은 검찰이 직접 수사해야 할 범위를 정하는 것으로 국회가 챙겨야 할 부분이라 생각했습니다.

두 권의 정책보고서를 작성해 지금 후속 조치를 하고

있는 대통령 직속 '국민을 위한 수사권 개혁 후속 추진단'
에 제공했어요. 하나는 직접 수사 범위 중에서 경제 범죄
에 대한 것이지요. 경찰의 경험과 전문성이 부족한 부분이
므로 초반에는 검찰이 넓게 직접 수사를 하다가 향후 점차
좁혀가는 것으로 제안을 했습니다. 다른 하나는 경제 범죄
외의 나머지 부패 범죄나 선거 범죄, 방위사업 범죄 등에 대
해서는 이 정도 수준까지는 검찰이 직접 수사를 하는 것이
맞겠다는 내용을 정리해서 낸 거죠.

좋은 경쟁은
사라지고
나쁜 경쟁만 남은
20대 국회

<선거법> 개정과
위성 정당의 출현

주 20대 국회는 거대 양당 독식을 벗어난 3당 체제로 출범 초기에
기대를 모았습니다. 특히 비례대표 투표에서는 유권자들이 민주
당보다 국민의당의 손을 들어줬지요. 지난 4년 동안 당명이 국민
의당-바미당-민생당으로 바뀌긴 했지만, 처음 시작은 국민들의
큰 관심과 응원을 받았습니다.

채 시작은 창대했으나 마지막이 미미합니다. 20대 국회에는
좋은 경쟁은 사라지고 나쁜 경쟁만 남았어요. 감금까지 당
해가며 거대 양당 독식을 막는 <선거법> 처리를 주도했습
니다. 그런데 총선을 앞두고 제가 속한 정당은 호남 3당 합

당으로 과거를 선택했고, 거대 양당의 비례 위성 정당이 〈선거법〉 개정을 무력화시켰죠. 저의 한계와, 제3지대 정당의 한계와, 한국 정치의 한계를 절감합니다. 경제구조개혁보다 정치구조개혁이 시급해요.

<u>주</u> 패스트트랙 합의와 오랜 논의, 타협, 투표 등 천신만고 끝에 연동형 비례대표제 도입으로 정치개혁을 추진했으나 결과는 통합당, 민주당이 비례 위성 정당이라는 수를 썼고, 35개의 비례 정당이 난립했습니다.

<u>채</u> 한마디로 통합당의 원죄, 민주당의 배신입니다. 연동형 비례대표제를 도입한 취지·효과가 모두 사라져버렸습니다. 애초에 자한당 시절에 '비례대표 폐지·의원 정수 축소(300명→270명)' 등 말도 안 되는 제안으로 판을 깬 통합당에 일차 책임이 있습니다. 그래서 4+1 협의체가 만들어졌던 것이지요. 하지만 민주당도 지금은 할 말이 없게 됐습니다. 통합당의 비례 위성 정당을 실컷 비난하더니 결국 배신하고 자신들도 만들었습니다.

민주당은 '통합당에 대항하기 위해 어쩔 수 없다', '군소 정당의 원내 진출을 돕겠다'는 명분이었지만 공천 과정을 보면 군소 정당이 들어올 기회는 매우 미미했습니다. 민주당 지도부 결정에 수용되는 상황이 전개됐을 뿐이지요. 시민사회 단체의 추천을 받아 비례대표 후보를 세운다고 했는데 이익단체 사람들이 다수 들어오게 되면서 명분은

허울이 됐습니다. 민주당 표를 더 확보하기 위해 이익단체를 끌어들이는 수단으로 쓰이게 된 것이죠. 그런 면에서 더불어시민당(이하 '시민당')에는 제대로 된 가치가 없고 시민사회 단체의 다양한 목소리를 받아들인 것도 아닌 완벽하게 통합당의 비례 위성 정당인 미한당의 아류가 된 모습이에요.

당시 〈선거법〉 협상에서 석패율제(지역구 후보자 중 아깝게 떨어진 후보를 구제하는 제도)만 살렸어도 지금과는 상황이 달랐을 겁니다. 청년 후보, 초선, 정치 신인들을 국회에 입성할 수 있게끔 석패율제를 운용하면서 정당끼리 '좋은 경쟁'을 하는 구도가 만들어졌을 거예요. 하지만 민주당이 정의당이 전국적으로 지역구 후보를 내보낼 경우 불리하다고 생각하여 석패율제 도입을 거부했고, 현행법에서는 비례 위성 정당이 나올 수밖에 없는 '나쁜 경쟁'만 남게 되었습니다.

주 21대 총선에서 비례 위성 정당으로 인해 연동형 비례대표제는 완전히 의미를 잃었습니다. 이미 7월에 통합당이 비례 위성 정당을 만든다는 소문도 들었다면서 정말 이렇게 될 줄 몰랐습니까? 왜 대책을 마련하지 않으셨나요?

채 이렇게까지 정치가 염치없을 줄은 몰랐습니다. 위성 정당이라는 것은 불가능할 것이라 생각했어요. 상식적으로 이렇게 도를 넘어서는 일이 벌어지지 않을 것이라 믿었습니다.

연동형 비례대표제가 온전하게 도입되지는 않았지만 이제 출발이다. 이 출발이 온전한 연동형 비례대표제로 향하는 길을 텄다고 생각했기 때문에 굉장히 의미 있다고 생각했고. 이를 바탕으로 선거를 치른다면 중도 개혁 정당이 국민의 지지를 받을 수 있을 것이라 생각했지요. 중도 성향의 유권자들이 최악을 막기 위해 차악을 선택하는 투표를 강요하지 않을 수 있고, 국민의 정치적 다양성만큼 다양한 소수 정당이 지지를 받을 수 있을 것이니까요.

저는 2016년 적대적인 공생 관계인 민주당과 통합당이 한국 정치를 망치는 것을 막기 위해 다당제를 정치적 소명으로 여기는 원조 국민의당 창당에 참여했고, 국민의당은 제도적 기반이 없음에도 많은 국민들에게 선택을 받아 교섭단체 제3당이 되어 다당제 국회를 만들었습니다. 그리고 저와 국민의당은 다당제를 제도적 기반으로 만들기 위해 연동형 비례대표제 도입을 위해 노력해왔고요.

그런데 어느 순간 국민의당과 바미당 일부 의원들은 연동형 비례대표제 도입을 반대했습니다. 반대의 이유는 통합당이 끝까지 반대하기 때문이라고 하더군요. 거대 양당의 폐해를 막기 위한 연동형 비례대표제를 거대 양당 중 하나가 반대하니 포기하겠다는 것입니다. 그런데 이들이 비례대표 셀프 제명으로 낭을 나가 또 다른 국민의당을 만들었는데, 이 당은 지역 출마자는 통합당에 보내고, 비례대표 후보(그것도 현역 의원을 비례대표 후보로)만 내세우니 이 당도 참 교묘한 비례 위성 정당의 아류가 되었어요.

한편, 연동형 비례대표제 도입을 찬성한 사람들은 어렵게 지역구 225석/비례대표 75석, 연동율 50%, 석패율제 도입 합의안(1차 합의안)을 만들었습니다. 1차 합의안 연동형 비례대표제는 정당 지지율 3%를 넘으며 최소 4석 이상의 의석을 확보할 수 있도록 하여 다양한 국민의 목소리가 국회에도 전달될 수 있도록 하는 다당제가 가능하도록 하자는 취지였어요. 여기까지는 좋았습니다.

그런데 얼마 지나지 않아 연동형 비례대표제 도입을 찬성한 사람들 중 민평당은 호남의 지역구 숫자가 줄어든다며 225:75의 합의를 깨고 비례 의석수를 47석으로 축소시켰으며, 또 민주당은 연동형 비례대표 의석수를 줄이기 위해 30석 캡을 씌웠으며, 정의당이 전국에 지역구 후보를 낼 것을 우려하여 석패율제 도입을 없던 일로 만들었지요. 결국, 이렇게 누더기가 된 연동형 비례대표제는 비례 위성 정당 난립이라는 최악의 제도로 전락하게 되었습니다. 4+1 협상을 했던 사람들도 이렇게까지 될 것이라고 생각하지 못했어요.

그래도 선거 전에 간곡히 유권자들께 호소를 드렸습니다. 한국 정치가 잘 되기를 희망하신다면, 절대 비례 위성 정당을 찍지 마셔야 한다고요. 누더기가 된 연동형 비례대표제는 연동형 비례대표제가 아닙니다. 〈선거법〉 개정 없는 셈치고, 2016년처럼 제도적 기반이 없지만 국민이 표로 다당제를 만들어주시기 바란다고요.

〈선거법〉을 협상 과정에서 누더기로 만든 것이 문제이

지, 연동형 비례대표제 자체는 문제가 아니에요. 이제는 부작용을 알았기 때문에 21대 국회에서 반드시 선거제도 개혁을 다시 해야 합니다. '민심 그대로의 국회'라는 정치개혁을 위해 중대선구제와 석패율제 도입, 의원 정수 확대, 온전한 연동형 비례대표제 등을 21대 국회 초반에 논의해야 합니다.

특히 통합당은 2020년 총선 결과를 통해 깨달아야 합니다. 미래한국당(이하 '미한당')은 정당 득표율 33.84%를 얻고 통합당과 합쳐 103석을 얻었는데, 이는 완벽하게 연동형 비례대표제 도입했을 때의 의석수를 받은 것입니다. 하지만 시민당은 33.35%를 얻었으나 민주당과 합산하여 180석을 얻어 80석 가량이 과다 대표되었습니다. 이제 통합당은 연동형 비례대표제는 누구에게 유리한 제도가 아니라 공정한 제도라는 것을, 이번에 연동형 비례대표제가 제대로 도입되었다면 민주당이 저렇게 과다 대표되는 것을 막았을 수 있었다는 것을 알아야 합니다. 21대 국회에서는 통합당이 민심 그대로의 국회 만들기에 나서기를 희망합니다.

주 코로나19 사태로 투표율이 저조할 것이라는 우려도 있었고, 이런저런 예견들이 많았는데요. 민주딩은 선출된 180석 중 1석은 부동산 문제로 제명, 2석은 시민단체 정당으로 되돌아가서 177석으로 거대 여당을 꾸렸습니다. 통합당과 미한당은 103석, 정의당 6석, 국민의당 3석이지요. 이러한 21대 총선 결과를 어떻게 평가합니까?

채 국민들은 우직하게 큰 길을 뚜벅뚜벅 걷고 있는데, 정치인들은 갈대처럼 바람에 흔들리고 있었습니다. 2017년 촛불이후 한국 정치의 이념 지형은 왼쪽으로 이동했습니다. 시민들의 정치 참여 의식은 매우 높아졌죠. 그런데 조국 사태이후 극단적인 편 가르기 정치와 반문연대를 기치로 한 보수 통합이 추진되었고, 중도정당이 사라져 양극단의 지지자들만 나와서 투표할 것이라고 예상했습니다. 거기에 엎친 데 덮친 격으로 코로나19 사태로 투표율은 매우 낮을 것이라 예상을 했습니다.

하지만 총선 결과를 보면 어느 때보다 높은 투표율을 기록하였고, 이는 무당층과 중도층이라고 할 수 있는 국민들이 투표에 참여하여 진보 진영에 힘을 실어주었습니다. 특히, 〈선거법〉을 엉망으로 만들게 한 근본적인 책임이 있는 통합당을 심판했습니다. 국민들이 걷고 있는 방향은 한 방향이었고, 정치인들만 눈앞에 놓인 목표만을 위해 이합집산 한 것이죠. 반대급부로 민주당은 과다 대표된 의석을 가졌습니다.

주 정권 심판, 여당 심판이 아니라 야당(통합당) 심판, 코로나19 대응 힘 실어주기가 선거 결과로 나왔다고 보는 거군요. 거대 여당인 민주당과 21대 국회를 위한 제언을 해준다면요?

채 권한이 집중되면 균형이 이루어지지 않습니다. 견제와 균형이 맞춰지는 민주주의의 방식을 만들어야 할 거예요. 그게 민주당 정부와 과다 대표된 민주당 국회의 성공을 가늠할 겁니다.

2004년 17대 총선에서 열린우리당(지금의 민주당 전신 중 하나, 이하 '우리당')은 152석을 차지하며 승리했습니다. 노무현 전 대통령의 탄핵 역풍으로 초선 108명이 대거 등원했어요. 그리고 17대 국회 초반부터 우리당 내 초선 그룹과 중진 그룹의 갈등이 본격화됐어요. 특히 〈국가보안법〉(이하 '국보법')이 갈등의 뇌관으로 회자됩니다. 초선들은 〈국보법〉 완전 폐지라는 강경론을 주장하고, 중진 의원들은 독소 조항 삭제라는 현실론을 주장하며 야당과의 타협을 이야기했어요. 당내 이견은 조율되지 않았고, 결국 〈국보법〉 개정은 실패했습니다.

이후 우리당 이름으로 치른 선거는 모두 다 졌습니다. 책임론으로 갑론을박하던 우리당은 3년 만에 깨졌어요. 민주당 이해찬 당대표의 이야기대로 우리당의 실패를 교훈 삼아 겸손한 태도로 민의를 반영한 국회를 운영한다면 검찰개혁, 경제개혁, 정치개혁 모두 이룰 수 있을 것이라 봐요.

21대 총선 불출마 선언과
중도정당의 꿈

주 이 책의 인터뷰를 맡게 되면서 가장 먼저 물어보고 싶었습니다. 후원자들에게 문자메시지를 통해 21대 국회 불출마를 알렸습니다. 후원금을 장애인 야학, 취약 노인 지원, 저소득 가정 여학생, 학대 피해 아동 지원 사업에 기부하겠다고 밝혔고요. 불출마를 결심한 계기가 궁금합니다.

채 총선을 앞두고 제가 속한 당 상황과 여야 모든 정당의 공천 난맥상이 눈 뜨고 볼 수 없는 지경이었어요. 불출마는 여기에 책임지는 것이었습니다. 무엇보다 민생당이라는 간판을 걸고 수도권 지역구에 출마한다는 것이 의미가 없다는 생각이 들었어요. 제3지대 확장을 통해서 의미 있는 선거를 치르고 싶었지만, 내분을 보이면서 국민에게 멀어져 가는 식으로 당이 운영되면서 출마를 접었습니다.

우리도 처음에는 청년 세대를 통해 새로운 정당으로 변신하려고 부단히 노력했습니다. 그러나 손학규 당대표의 마지막 선택은 청년이 아닌 기존 정치세력이었어요. 대안신당, 민평당과의 합당으로 미래가 아닌 과거를 선택했어요. 공정성 우선, 민생 우선, 미래 사회 우선이라는 제 의정 활동의 원칙 중에서 미래 세대가 성장할 희망이 없더군요.

후원금은 의미 있게 쓰는 것이 후원인들에 대한 감사 표현이라고 생각해서 고민했습니다. 물론 제 키다리 아저

씨의 가르침이고요.

주 그래도 정치에 입문했고 할 수 있는 일들, 해야 할 일들이 많을 것 같은데요. 민생당 간판이 의미 없다면, 무소속 출마는 검토하지 않으셨나요?

채 무소속 출마를 하려면 탈당을 해야 합니다. 탈당을 하면 의원직을 버려야 하고요. 국회의원으로 끝까지 역할을 하는 것이 제게 이런 권한과 책임을 위임한 국민에 대한 도리라 생각했습니다.

주 바미당에서 비례대표 의원 대부분이 셀프 제명을 선택했습니다. 일단 의원직을 유지하면서 당적을 옮겨 총선에 기회를 만들기 위해서였지요. 셀프 제명을 하지 않은 이들 중에서는 민생당에서 비례대표 재선 출마를 했어요. 채 의원도 지역구 출마는 접더라도 그들처럼 비례대표로 4년 더 국회에서 역할을 할 기회조차도 만들지 않았어요. 왜 민생당에 남은 겁니까?

채 비례대표 재선에 동의하지 않습니다. 특히 비례대표 재선은 정치 신인, 또 다른 전문성을 가진 사람들의 등원 기회를 기득권 현역이 막는 깃으로 공정하지 않아요. 셀프 제명과 그에 따른 법원의 가처분 결정은 한국 정치사에 남기지 말아야 할 큰 오점입니다. 비례대표 의원들은 의원직 유지를 위해 셀프 제명을 할 것이 아니라 과감하게 탈당하고

2018년 2월 6일, 국회 청년미래특별위원회와 한국청년유권자연맹이
공동으로 개최한 토크 콘서트 '청년에겐 정치가 필요하다'에서 채이배
의원이 청년들의 정치 참여 확대 필요성을 이야기하고 있다.
(사진 ⓒ 채이배)

다른 당에서 지역구 출마하는 것이 맞아요. 의원직을 버리지 않고 두 마리 토끼를 잡으려는 것은 지나친 욕심입니다.

저는 그보다는 당에 남아서 끝까지 중도정당을 지켜야겠다는 생각을 했어요. 2019년 11월부터 이 당이 살아남을 수 있는 방법은 정체성을 그대로 지키는 중도정당이고, 또한 청년들 중심의 미래를 준비하는 정당이 되어야 된다고 생각했습니다. 기업지배구조 개선에도 사람이 바뀌는 것이 중요하듯 정치구조개혁도 사람이 바뀌는 것이 중요할 것이에요. 또한 관행처럼 저명한 인사 몇 명을 영입하는 방식이 아니라, 미래를 살아갈 청년 당사자가 주체가 될 수 있는 정치 실험을 하고 싶었습니다. 기꺼운 마음으로 총대를 메고, 다양한 청년 정치 조직들과 계속 대화하면서 당으로 함께할 수 있는 방법을 열심히 찾았지요.

문제는 당에 당권 싸움이 계속되면서 해결되지 않는 상태에서 새로운 청년 세대들이 이 당에 들어온다는 것은 불가능했습니다. 3개월 정도 시간을 소모했고 최종적으로 당은 분당이 되어 기존의 바른정당계가 나가고, 남아 있는 국민의당계 의원들이 새롭게 당을 변모시켜야 되는데 역시 그 안에서 기존의 당권을 가지고 있는 손학규 대표와 호남계 의원들 간의 대립이 심화됐죠.

그 와중에 새해에 섭어들어 갑자기 안철수 전 대표가 귀국하겠다고 하면서 당내 새로운 변수가 생겼습니다. 안 전 대표가 입국 의사를 공개하고 근 20일 만에 입국하였고, 입국하자마자 일주일 만에 탈당을 하면서 당의 파국을

촉진시켰어요. 당에서 청년들과 함께 하려고 했던 계획은
수포로 돌아가게 됐습니다.

주 청년 중심의 정당은 어떤 구상이었습니까?

채 청년들이 내 삶의 전문가로 참여하는 정당을 계획했습니다. '내가 나를 대표한다'는 당사자성을 가진 청년들로 구성하는 것이었어요. 김성식 의원의 제안을 제가 받아 발 벗고 나섰습니다.

청년들을 100명 정도 우리가 영입을 해서 그 청년들이 전면에 나서게 하자, 그래서 이 당이 완전한 청년이 주인인 정당으로 만들자고 했고, 순수한 일반 국민으로서의 청년들을 우리가 최대한 당으로 데려올 수 있도록 해보자는 이야기에 제가 가슴이 뛰었어요.

예를 들어 중소기업에서 일하는 노동자 청년 3총사, 자영업 청년 3총사, 창업기업 청년 3총사, 문화예술계 청년 3총사, 사회복지에서 일하는 청년 3총사. 이렇게 다양한 영역에서의 청년 3총사로 구성해, 당사자로서 처한 상황을 이야기하고, 해결할 수 있는 대안을 찾을 수 있도록 당이 지원을 하는 겁니다. 결국 내가 나를 대표하는 것이죠. 촛불혁명 때 시작된 구호처럼 국민들에게 호소력 있는 정치가 될 것이라 확신했습니다.

중소기업에서 일하는 청년 3총사가 '내가 중소기업에서 일해 봤더니 중소기업이 이런 어려움이 있더라. 그래서

중소기업에 일하는 사람들은 이런 어려움이 있다. 중소기업에서 일하는 노동자들의 삶이 나아지려면 중소기업이 먼저 어려움을 어떻게 극복해야 되는 정책적 대안이 있어야 되고, 거기서 일하는 노동자들에게도 어떤 정책적 대안이 있어야 된다'고 얘기할 때 다른 중소기업에서 일하는 청년들에게 현실적으로 와 닿고 도움이 될 것이라 생각했어요.

물론 그 청년들은 자신의 삶의 전문가로 정치에 참여하기에 정책적 해결 방안을 만드는 것은 당의 정책 조직에서 마련하는 것이고요. 중요한 것은 결국 당사자성을 가진 '청년들이 적극적으로 현실에 임한다, 정치에 참여한다. 정책을 이야기한다'는 것이 바미당이 청년을 대변하는 정당으로 정체성을 가질 수 있는 일이라 생각했습니다.

단순히 젊은이들의 역할을 기대하는 것이 아니에요. 미래를 적극적으로 준비할 수 있는 당사자의 역할을 기대하는 겁니다. 80대 어르신보다는 청년들이 국가의 미래에 대한 절박함이 훨씬 크다고 생각하니까요. '청년 기본법'을 대표 발의하고, 청년특위의 간사로 참여해 이 법 제정을 이끌어낸 것도 그런 맥락이었습니다. '청년 기본법'은 청년의 사회 참여와 권리를 보장받도록, 국가가 청년 발전에 필요한 법적·제도적 장치를 마련하는 내용을 담고 있어요. 즉, 청년늘이 사회의 주체로써 활약할 수 있도록 법적 근거를 마련했습니다. 18세 유권자 연령 인하 운동에도 적극 동참했고, 법 개정도 이뤄냈지요.

당 이름을 바꾼 김에 한 번 더 바꿔서 '미래세대정당'으

로 호명하고 청년들이 전면에 나서서 출마를 하고 선거운
동도 하는 '미래 바람을 일으켜보자'는 구상이었습니다. 저
는 정말 이때 가슴이 제일 뛰었어요. 하지만 결국 당권 다
툼, 과거의 싸움 때문에 청년들을 당에 데려오지 못했습니
다. 절망적이었지요.

주 기득권이 없는 제3지대에서만 가능한 일 같습니다.

채 한마디로 기존의 기득권 세력이 많지 않은 정당이어야 가
능하고요. 민주당이나 통합당 같은 경우는 이미 기존에 기
득권을 가진 정치인들이 너무나 강력하게 포진되어 있기
때문에 이 사람들을 빼고 새로운 젊은 사람들로 자리를 채
울 수가 없습니다. 어떤 면에서 이런 시도는 새로 출범하는
정당에서 가능하고, 특히나 이런 청년들을 규합해서 내놓
는 정책들은 이념 지향적인 것을 탈피하고 실용적인 정책
일 수밖에 없기 때문에 중도정당이 가능하다고 생각해요.

21대 국회에게
부탁합니다

5

미래 사회에 대한 준비

과거에 경험하거나 상상하지 못한 일들

주 화제를 돌려보죠. 불출마 선언 이후 총선 기간 동안 유일하게 'n 번방 사건'에 집중한 국회의원으로 기록을 남겼습니다.

채 과거에 경험하거나 상상하지 못한 방식의 범죄가 발생한 것이죠. 기술 발전이 나쁜 방향으로 나타난 현상으로, 이 역시 우리가 미래를 준비하고 민생을 챙겨야 한다는 관점에서 처음부터 제대로 접근해야 한다고 생각했습니다.

무엇보다 여성의 안전과 관련된 일이었으며, 새로운 개념의 디지털 성범죄에 대한 사회적 논의가 필요하고, 강력한 처벌을 통해 앞으로 재발 방지가 무척 중요한 상황이었습니다. 우선 당장은 새로운 입법이 필요한 상황이 아니라 현행법으로 가해자들을 충분히 처벌을 받게 하는 것이 관건이었습니다. 새로운 법안을 마련한다고 해도 '형벌 불소급 원칙'에 따라 현재 범죄자에게는 적용할 수 없으니까요.

2020년 3월 3일 제가 국회 입법 청원 제1호였던 'n번방 재발방지법안'을 법사위 법안1소위에서 논의했는데, 논의 당시 일부 의원들이 딥페이크(deepfake, AI 기술을 이용한 합성된 가짜 음성·영상물) 기술을 통한 음란물 제작을 '일기장에 혼자 그림 그리는 것이다', '음화를 소지한 것 자체로 처벌하기는 어렵다'라고 발언한 것이 크게 논란이 되었습니다.

주로 오프라인에서 발생한 성범죄는 이제 어느 순간 온라인상으로 확장이 된 것이고, 성인지 감수성을 학습하지 못한 윗세대들은 경험의 한계로 새로운 개념의 디지털 성범죄를 이해하지 못하고 있었어요. 물리적인 성폭행이 이루어지지 않았는데 어떻게 이것이 문제가 되냐는 겁니다. 피해자 입장에서는 온라인 성 착취나 성희롱으로 그에 상당한 정신적 피해를 입는 거예요. 피해자 관점에서 온라인 성범죄는 오프라인 성범죄와 마찬가지로 처벌을 받아 마땅합니다. 어떻게 같은 수준으로 처벌을 할 수 있느냐는 생각은 1980년대에 판사가 강간범 재판하면서 피해자에게 결혼을 권하던 시절의 것입니다. 전형적인 가부장적 사고방식으로 남성 위주의, 가해자 입장의 판결이 가능했던 시절의 것이지요.

문제를 해결하는 핵심은 지금 있는 법들을 보다 잘 적

용해서 검찰이 수사하고 기소하고 구형하고 법원이 제대로 형량을 높게 해서 엄격한 처벌을 해야 된다는 게 일단 기본입니다. 그리해서 부족하다면 그때 가서 추가적으로 입법 보완을 해야 된다고 생각하고요. 현행법을 적극적으로 해석하면 충분히 최고형 가장 높은 수위의 법을 적용시킬 수 있습니다. 운영자인 박사 등에게는 아동청소년 음란물 제작으로 무기징역까지 가능하죠. 유료회원에 대한 처벌도 아동청소년 성 매수 행위로 10년까지 최대 징역을 살게 할 수 있습니다. 또한 범죄 집단으로 해석하면 모든 구성원들이 최고의 중형을 받을 수 있죠.

현행법으로 부족하다는 의견은 가해자들이 법리 적용으로 빠져나갈 수 있는 핑곗거리를 주는 것이니, 검찰과 법원이 적극적으로 법을 적용해야 한다는 쪽으로 논의가 진행되도록 하고자 했습니다.

의원실에서 같이 일한 보좌진 50%가 여성 동료입니다. 국회 오기 전 직장에서도 같이 일하는 동료는 여성이 절대다수였습니다. 이번 n번방 사건에 대한 여성 동료들의 분노에 감정이입이 되더군요. 결국 성인지 감수성도 새로운 생각, 새로운 가치를 얼마나 열린 마음으로 포용하고 확장할 수 있느냐에 달려 있는 것 같습니다.

다시
'공정성, 민생, 미래 사회'

<u>주</u> 20대 국회에서 처리하지 못하고, 21대 국회로 남겨두고 가는 아쉬운 법안이 있나요?

<u>채</u> 셀 수 없이 많죠. 〈상법〉과 〈공정거래법〉은 이미 충분히 말씀드렸으니, 〈세법〉을 언급하고 싶습니다.

〈세법〉은 굉장히 기술적이라 항상 규제의 틈을 만들어내서 도망가기 좋은 법이에요. 더 공정한 과세를 하기 위해 법안을 만들면 도망가기 위해서 편법을 만드는 것이 가능합니다. 조세법률주의에 의해서 명확하게 〈세법〉 안에 나열되어 있지 않으면 그 외의 행위에 대해서 과세하기 어렵기 때문이지요. 계속 그런 편법들을 방지하는 보완 법안을 부지런하게 만들어가야 합니다.

〈세법〉은 전문가가 역할을 해야 합니다. 조세 전문가인 세무사나 회계사가 국회에 있어야 하는 것이지요. 20대 국회에서는 제가 유일하게 역할을 했었습니다. 탈세를 줄이는 발의를 했는데, 정부가 부자 증세에 대한 부담감을 갖고 있어서인지 〈세법〉 개정안들이 거의 진행이 안 됐죠. 21대 국회에 전문성을 갖고 있는 의원 한 명이라도 계속 챙겨주었으면 하는 욕심이 있습니다. 21대 등원하는 300명 의원들 한 명 한 명의 면면을 살펴서 꼭 인수인계하고 가려 합니다. (웃음) 공정한 과세를 위한 〈세법〉은 꼭 통과되어야 해요.

주 하나만 이야기하면 서운하겠지요.

채 말씀 드리다가 밤을 새울 수도 있어요. (웃음) '공직자 이해 충돌 방지법' 이야기를 하겠습니다. 이 법안은 공정의 문제를 다룹니다.

현직인 민주당 손혜원 의원이 의정활동으로 얻은 정보를 이용해서 친인척, 지인, 재단 명의로 전남 목포의 부동산을 대거 매입했다는 언론 보도가 있었죠. 직후 손 의원은 탈당을 했습니다. 이 보도를 계기로, 우리 사회에서 공직자 이해 충돌 방지에 대한 논란이 뜨거웠습니다. 실제로 검찰에서 업무상 비밀 이용 혐의로 기소해서 재판이 진행 중이기도 한데, 형사적 판단과는 별개로 전형적인 이해 충돌 사안입니다. 부동산 구입 목적이 투기이든 투자이든 문화재 보호이든, 그 무엇이든 간에 공무 수행 과정에서 얻은 정보를 가지고 결과적으로 사적 이익을 얻을 수 있는 행동을 한 사실은 변함이 없어요. 정말 불공정한 행위를 한 것이죠.

이 불공정의 본질은 '대리인 문제'입니다. 〈상법〉에 '이사의 충실 의무'라는 것이 있습니다. 이사는 회사의 이익과 자신의 이익이 충돌할 때 자신의 이익을 포기하고, 회사의 이익을 우선시해야 한다는 겁니다. 이사는 회사의 주인인 주주가 뽑은 주주의 대리인이므로, 권한을 위임해준 주주를 위해 충실하라는 겁니다. 마치 국회의원과 국민의 관계와 같죠. 국민이 공직자에게 똑같이 권한을 위임해주는 거예요. 대리인으로서 국민을 위해서 일을 해야 합니다. 회사의 이사든 공직자든 결국 권한을 위임받은 자로서 늘 겸손하게 본인의 역할을 직시해야 하는 것이죠.

그런데 위탁자와 수탁자 간 이익이 충돌할 때도 있습니다. 국민의 이익을 위해 일해야 하는 공직자가 자신의 사적 이익을 위해서 국민의 이익을 해치는 경우가 생기죠. 예를 들어, 공무를 수행하는 과정에서 생기는 지역 개발 정보를 이용해 투기를 하면 국민들의 이익을 훼손하는 겁니다. 이런 상황을 막기 위해 공직자는 이해 충돌을 하면 안 된다는 의무가 있는데, 문제는 의무를 어겼을 때 처벌을 받는다는 것이 없어요. 그래서 보다 선제적으로 공직자의 이해 충돌을 방지하고, 의무를 어기면 처벌이 가능한 '공직자 이해 충돌 방지법'을 제안했어요. 국회의원뿐 아니라 공직자 전체에 해당하는 법률인데, 속도가 안 납니다.

고위 공직자들에 대해서는 재산을 등록하고 공개하는 것처럼 이해관계를 등록하고 공개하도록 하여 스스로 이해 충돌 상황을 피할 수 있게 하고, 사후적으로 감시 감독의 체계를 만들어 검증받도록 하는 것이지요. 단순히 가지고 있는 재산만 정보 공개하는 것이 아니라 내가 어떤 업무를 통해서 이해 충돌이 가능해질지에 대해 더 공개하자는 안입니다.

이 부분에 대해서 굉장히 사회적 이슈가 크게 됐었는데 한 번도 논의되지 않고 끝나버렸어요. '김영란 법'이라고 하는 〈부정청탁 및 금품 등 수수의 금지에 관한 법〉 하고 원래 같이 묶여진 하나의 법이었는데, 19대 국회 때 논의가 잘 안 되자 담당 부처인 국민권익위원회(이하 '권익위')가 부정 청탁 금지 부분만 통과를 시키고, 이해 충돌 방지 부분은 20대 국회에서 발의하기로 했죠. 하지만 4년 동안 권익위가 제대로 일을 하지 않았고, 손혜원 의원 사건이 터지고, 제가 발의를 하니까 뒤늦게 권익위가 발의를 했습니다. 권익위 안은 19대 국회에서 문제가 제기된 내용들을 그대로 담고 있어 통과되기 어려운 내용입니다. 아무튼 21대 국회에는 19대 논의 내용을 반영하여 발전시킨 저의 발의안을 바탕으로 논의를 해서 반드시 통과시켰으면 합니다.

주 21대 국회가 미래의 관점에서 추진했으면 하는 정책이 있다면요?

채 욕심내서 당부하고 싶은 법안이 있습니다. '데이터 3법'이라 불렸던 '개인 정보 3법'의 개정상의 문제점과 앞으로의 운영 방향을 연결해서 말씀드릴게요. 저는 이 법안의 통과를 반대하면서, 미래 사회를 준비하는 데 최우선 가치는 '인권'이라는 합의를 하고 싶었습니다.

2020년 1월 9일 〈개인정보 보호법〉(이하 '개인정보법'), 〈신용정보의 이용 및 보호에 관한 법〉(이하 '신용정보법'), 〈정보통신망 이용촉진 및 정보보호 등에 관한 법〉(이하 '정보통신망법') 개정안이 본회의를 통과했습니다. 저는 이 법의 통과에 가장 적극적으로 반대했지만, 역설적으로 빅데이터산업 진흥을 위한 법 개정을 가장 앞장서 주장하기도 했습니다. 〈개인정보법〉 개정을 통해 빅데이터산업 진흥의 물꼬를 트자는 것은 2018년 7, 8월 '국회 민생경제법안 TF'에서 바미당이 최우선 순위로 제안했던 사항이며, 당시 저는 정책위 의장(권한 대행)으로서 이러한 논의에 직접 관여하고 협의를 진행했었어요.

그런데 이후 심사를 거쳐 법사위로 넘어온 법안은, 빅데이터산업의 성장을 지지하는 제가 가장 마지막까지 반대할 수밖에 없는 내용이었습니다. 데이터 3법이라는 용어부터가 문제라 생각했어요. 인권의 관점에서 다루어야 할 개인 정보가 더 우선입니다. 산업의 관점에서 데이터를 우선으로 생각해서는 안 됩니다. 내용뿐 아니라 개정안이 국회에서 통과된 일련의 과정을 돌아볼 때 그 심의 과정과 절차에 대해서도 상당한 우려가 남아요.

개정안은 개인정보보호위원회가 실질적인 집행 능력과 권한을 갖도록 위원회의 지위와 구성 등을 새롭게 정하는 동시에 데이터산업 육성·진흥을 목적으로 개인 정보 수집·활용과 관련된 규제, 특히 개인 정보 중 가명 정보와 관련된 규제를 대폭 완화했습니다. 이번 개정으로 가명 정보의 활용은 이 법에 근거해 이뤄지게 되었고, 신설 개인정보보호위원회는 〈개인정보법〉의 소관 부처로서 개인 정보의 보호에 관련된 업무뿐 아니라 가명 정보의 활용, 나아가 여기에서 파생된 빅데이터산업에 관한 업무까지 함께 소관하게 되지요. 위원회가 '신산업 육성'이라는 정책적 판단의 영향에서 자유롭기 어려울 것이라는 우려가 큽니다. 감독기관이 정책적 판단에 끌려갔을 때 어떤 사태가 벌어지는지는 가깝게는 현재 진행형인 라임자산운용 사태부터 동양 증권 사태, 저축은행 사태 등 수많은 대형 금융 사고를 돌이켜보면 상상할 수 있어요.

가장 중요한 것은, 개정안은 가명 정보에 대한 정보 주체의 권리를 대폭 배제하고 있다는 점입니다. 기업 입장에서는 정보 주체의 동의도, 경제적 비용도 없이 개인 정보를 활용, 판매할 수 있게 됐습니다. 기업이 개인 정보를 어떻게 가명 정보로 만들어 활용, 판매하고 있는지 정보 주체는 알 수 있는 권리가 없어요. 개인의 질병 정보, 노조 가입 정보, 정당 가입 정보 등 민감한 정보 역시 가명 정보라면 자유로운 활용이 가능한데요. 주민등록번호를 매개로 강력한 정보 집적이 이뤄진 환경과, 그 주민등록번호를 포함해 잦은 개인 정보 유출 사고가 있었던 점을 고려할 때 재식별을 통한 악용의 위험성이 높습니다. 재식별은 불법임이 명백하지만 그간의 온갖 사고들은 대부분 '그것이 불법임에도' 버젓이 벌어졌다는 것을 논의하지 않은 채 법이 통과됐어요. 이런 중대한 법안이 쉽게 통과되는 경우의 원인은 한 가지입니다. 원내대표 합의예요. 정치적 합의로 정책의 합의는 생략되어버리는 겁니다. 문제가 있으면 또 개정하면 되지 않느냐는 반응이었어요.

그러나 '문제를 수정한 재개정안'이 통과되기 전까지는 일단 통과된 문제의 법안이 현행법으로 효력을 갖고 수많은 사람들의 권리와 의무에 영향을 미친다는 점을 왜 가볍게 생각하는지는 동의하기 어려웠어요. 입법권을 위임받아 행사하는 입장에서 지녀야 할 최소한의 책임감을 망각하는 것이니까요. 법안 한 줄이 국민의 삶을 바꿉니다.

저는 21대 국회가 데이터 3법 개정으로 미래 사회를 준비하는 인권 최우선의 원칙을 합의해줬으면 합니다. 우선 현행 〈개인정보법〉과 〈신용정보법〉이 보장하는 정보 주체의 개인 정보 파기·열람·정정·삭제 요구권을 가명 정보에 대해서도 기술적으로 불가능한 것이 아닌 한 동일하게 보장해야 하고요. 데이터 활용의 진흥 측면에서 정보 주체의 동의를 일부 면제할 수 있으나 사후적인 권리까지 전면적으로 박탈하는 것은 과도합니다. 또한 민감 정보에 대해서는 가명 처리를 금지하거나 최소한 개인의 동의를 받도록 해야 합니다. 아울러 〈개인정보법〉과 〈정보통신망법〉에서 정한 민감 정보의 범위가 서로 달랐는데, 서로 다른 정책적 필요에 따라 정해진 범위인 만큼 일방적으로 〈개인정보법〉을 기준으로 통합할 것이 아니라 합리적인 수준의 조정이 필요해요.

감독 체계와 관련해서는 산업 진흥과 규제기관을 분리하는 것이 바람직합니다. 특히 신용정보에 대해서는 금융위원회(이하 '금융위')가 진흥기관으로 역할을 하고 금융위에 남겨둔 감독 기능은 100% 개인정보보호위원회로 이관해야 합니다. 또한 개정 〈신용정보법〉은 신용 정보와 다른 정보를 결합한 정보 역시 금융위가 관할하도록 정하고 있는데, 이 법의 대표적 독소 조항으로 삭제할 필요가 있어요. 보다 근본적으로는 법 위반에 대해 실효적인 제재가 이루어질 것인가에 대한 의문이 있습니다. 사전 규제는 대폭 완화하되 법 위반과 사후적 문제에 대해서는 손해배상이든, 형사처벌이든, 행정 제재든 강력히 제재해야 한다는 방향성에는 동의합니다. 그러나 우선 개정법의 제재가 과연 강력한 수준인지 의문이 있고, 무엇보다 그간 개인 정보 관련 사건에서 법원이 보인 입장에 비추어 강력한 제재가 있다고 한들 실제로 작동할지 회의적이에요. 따라서 제재 장치가 실제로 충분히 작동하는지 확인하면서 정보 활용 수위를 점진적으로 개방하는 등 보다 신중한 운영을 검토해야 합니다.

정치하는
이유

소명으로서의
정치

주 이제 정치인으로서의 소회를 이야기해봤으면 합니다. 지난 4년
동안 '나는 왜 정치를 하는가' 스스로에게 물어본 적이 있습니까?

채 4년 전 준비된 답변은 '재벌개혁과 경제개혁을 위해서'였
습니다. (웃음) 예전에 제가 신뢰하기 어려웠던 일이, 정치인
들이 같은 질문에 '국민을 위해서'라고 이야기하는 거였어
요. 그런데 놀랍게도 저도 4년의 경험 후 같은 답이 떠오릅
니다. 민망하지만 진심입니다. 이 시대를 함께 살아가는 국
민들의 삶이 나아지면 좋겠어요. 내가 나를 대표할 수 있는
삶이 가능했으면 좋겠습니다. 저는 전 국민이 한 사람 한

사람 스스로의 삶을 위한 광의의 정치를 하고 있다 생각해요. '내가 내 삶을 더 좋게 만들려는 노력이 정치다' 그런 깨달음이 있었어요.

등원하고 처음 1~2년 동안은 '정치'를 한다고 생각한 적이 없었어요. 국회의원이라는 이름으로 정책전문가로서 추구해왔던 경제개혁, 재벌개혁 하는 일에 계속 집중하는 연장선이라고 단순하게 생각했습니다. 소명은 변함없으나 직업의 이름이 바뀌었을 뿐이다 정도로요. 등원 후에도 제 전문 영역은 아닌 것 같아 정당 중심의 활동인 '정치'에는 별로 관심도 없었고 적극적이지 않았어요.

왜 그랬을까 생각해보니, 정치에 대한 편견이 있었던 것 같습니다. 좋은 모습이 아니라 생각했고 제가 잘할 수 있는 일도 아니라 확신했고 거부감도 있었지요. 제가 그 주체가 되었는데도 분리해서 생각한 겁니다. 그래서 다른 선배 동료 의원들이 더 잘할 수 있는 일이라고 규정하고 거리를 둔 거죠.

정책 중심의 반쪽뿐인 의정활동을 하다가 운명처럼 권력을 갖기 위한 투쟁으로서의 정치의 중심에 들어가게 됐습니다. 정치란 무엇인가, 정당 안에서의 당권 싸움은 어떻게 일어나는가, 왜 우리는 권력을 쟁취해야 하는가에 대한 어느 정도 답을 얻었습니다. 국회의원의 일상적인 일이 바로 이런 권력을 위한 투쟁이라는 것을 깨달았어요. 내 삶을 바꾸기 위한 힘을 얻기 위해서는 맞서 싸워야 하는 겁니다.

주 어떤 투쟁의 경험이었습니까?

채 2017년에 대선이 끝난 후입니다. 안철수 후보가 3위에 그쳐 분위기가 많이 안 좋았지요. 많은 사람들이 안 전 대표에게 현실 정치를 떠나 해외에 나가 있으라는 조언을 했습니다. 그랬는데 갑자기 안 전 대표가 당대표로 출마를 하겠다는 결정을 하고 연락이 왔어요.

저는 안 전 대표에게 이 일은 득보다 실이 클 것 같다는 판단을 전했습니다. 당시 탄핵과 대선이 이어지면서 굉장히 긴 시간 동안 선거에 집중했던 안 전 대표에게는 휴식과 성찰의 시간이 필요하다는 생각이었지요. 정치를 하루 하면 모르지만, 계속 할 것이라면 말입니다. 제 생각과 다른 결정이었기에 당대표 선거를 도와달라는 부탁을 거절했습니다.

안 전 대표는 호남 의원들이 장악하는 국민의당이 대선 후에는 애초의 창당 목적과는 다르게 제3당으로 유지되지 않고 여당인 민주당의 이중대가 될 것이라는 우려를 했었어요. 제3지대가 사라질 것 같다는 걱정에 무리한 결정을 내렸다 생각합니다.

2016년 2월 국민의당을 만들고, 2017년 대선까지의 기간 동안 안 전 대표의 소명을 믿었어요. 1년이 넘는 기간 동안 대한민국 정치의 제3지대를 만드는 다당제를 위한 메시지와 행동이 모두 일관됐었어요, 생각과 정책에 동의했기에 뜻을 같이한 것입니다. 그러나 대선 이후의 상황에서 정치적 판단이 달라졌습니다. 안 전 대표는 국민의당을 제3지대 정당으로 지키겠다는 명분을 갖고 권력을 쟁취했는데, 갑자기 바른정당과의 합당을 선언했습니다.

저도 큰 방향성인 바른정당과 함께 제3지대를 확장한다는 취지에는 동의했어요. 바른정당의 태생이 박근혜 대통령 탄핵에 찬성하며 새로운 개혁적 보수라는 기치를 걸었기 때문에 같이 제3지대를 도모할만한 정치적 파트너라 생각했습니다. 특히 2017년 대선을 치르면서 정책 총괄로 모든 후보의 대선 공약을 비교하고 토론을 준비했기에 바른정당과 국민의당의 정책 싱크로율이 95%라는 것에 대한 신뢰도 있었지요. 특히 같은 상임위 활동을 하면서 바른정당은 새누리당과 다른 합리적인 판단을 한다는 것을 수차례 확인했었습니다.

바른정당의 의원들과 국민의당 의원들이 친분을 쌓고 합을 맞춰보는 모임을 주도적으로 만들었죠. 흔한 예로 말하자면, 제가 생각한 것은 썸도 타고 연애도 해보고 잘 맞으면 결혼 일정을 잡아보면 좋겠다는 생각이었습니다. 제가 당시 활동했던 정무위에서 법안 논의를 할 때 바른정당 의원들과 특히 적극적으로 의견 교류를 하고 신뢰관계를 맺고, 형 동생으로 챙길 정도로 친분을 쌓았습니다. 그 친분을 바탕으로 서로 각 당의 좋은 동료들을 소개해주는 회동도 추진했었고요. 그렇게 모임을 키워갔어요. 사람 대 사람으로 마음이 맞아야 일도 도모할 수 있다는 생각이었습니다. 일도 사람이 하는 거라, 인간관계가 잘 맞으면 어려운 일도 긴 호흡을 맞춰 같이할 수 있다는 것이 저의 믿음이고요. 제 계획은 '모임으로 관계를 만들고 정책연대를 하자, 신뢰를 쌓아 지방선거를 앞두고 선거연대를 하자, 그리고 좋은 성과를 같이 만들면 통합까지 가자'는 것이었어요.

그런데 갑자기 연애 초기 단계에서 안철수 대표가 바로 결혼하자는 결정을 내려버린 거죠. 시기가 너무 빠르다는 생각이었지만, 제 의견은 반영할 수가 없는 상황이었습니다. 이제와 돌이켜 생각해봐도 그 합당은 확실히 무리한 일이었습니다.

안 대표의 정치공학적인 판단으로 추측해요. 대선 후 국민의당 지지율이 계속 한 자릿수대로 낮게 나온 상황에서 바른정당과 합당을 하면 20%가 넘는 지지율을 얻을 것이라는 여론조사를 보고 확신을 가졌을 겁니다. 2018년 지방선거를 앞두고 그전에 빠르게 합당을 해서 상당한 국민적 지지를 얻는 3당이 될 수 있겠다는 포부를 갖게 된 거죠. 그래서 당내 반발이 심했음에도 불구하고 굉장히 비민주적인 절차를 거쳐서 합당을 이뤄냈습니다. 당내에 반대 의견들을 완전히 무시하고 전당대회 같은 절차를 편법적으로 바꿔서 일사천리로 끝났습니다. 통합 후 지방선거를 치러야 한다는 조급증이었죠.

주 성급한 결정이었다 해도, 합당의 절차라는 것이 있는데 바로 잡을 기회는 없었습니까?

채 호랑이 등에 올라탔기 때문에 내려올 수 없는 상황이 된 거죠. 합당하는 마지막 과정에서 당 정강 정책을 만드는 협상이 성급한 합당의 부작용을 여실히 드러냈습니다. 정강 정책에 보수와 진보라는 개념을 같이 넣고 중도라는 표현을 당의 정체성으로 가져가려 했는데, 그 부분에 대해서 바른정당이 반색을 했어요. 국민의당은 '합리적인 진보와 개혁적인 보수가 함께 하는 중도정당을 표방하자' 했는데, 바른정당은 끝끝내 진보라는 단어를 넣는 것을 반대했습니다. 결국 이념적인 단어들을 다 빼는 것으로 합의를 했지요.

정체성이 없는 정당이 되는 것이라, 마지막 협상 과정에서 크게 반발하고 수용할 수 없다는 불만을 표시했어요. 합당 전당대회에 참석하지 않는 보이콧까지 했지요. 진보적인 성향의 의원들은 반발했고, 호남 지역 의원들은 끝내 탈당을 하기도 했습니다. 이들이 모여 만든 당이 민평당이었어요.

저는 설득과 타협의 묘가 생략된 합당의 과정에서 당권을 잡고, 운영하는 경험으로 현실 정치를 절감했어요. 정치는 명분과 형식의 모든 과정에서 민주적 정당성을 가져야 하는데, 때로는 힘으로 모든 것을 생략하고 의미 없는 결과물을 만들어낼 수도 있다는 참담한 현실을 목도했습니다. 명분을 잃은 정치는 성과도 잃어요.

국민의당 실패의
교훈

주 '명분도 없고, 성과도 없었다.' 바른정당과의 통합을 후회하나요?

채 후회막급합니다. 승자가 없는 싸움이었습니다. 민주적 절차를 생략했기에 명분을 잃었고, 절차가 정당하지 않았기에 좋은 명분도 희석됐어요. 정치공학적 계산으로 모든 것이 뒤틀린 겁니다.

지지율이 플러스 되어서 나올 것이라고 생각하고 합쳤는데, 맞지 않는 사람들이 합친 것이죠. 썸을 타고 연애를 하면서 더 많이 생각을 맞춰봐야 했는데, 조건만 보고 바로 결혼을 했다가 가정불화만 생기고 결국 이혼하게 된 겁니다.

리더의 잘못된 판단이 만들어낸 일입니다. 물론 그 과정에 동조한 저 역시 책임이 있어요. 무리한 과정을 알면서도 리더를 설득할 수 없었습니다. 국민의당과 바른정당의 합당은 잘못된 결정이었어요. 막지 못한 제 잘못입니다. 제3지대를 열망해온 우리 당원들과 지지자들께 실망을 안겨드렸습니다. 합리적 진보와 개혁적 보수가 뭉쳐서 세의 규합을 통해 제3지대를 확장하려는 노력은 실패했어요.

주 상처만 남은 합당은 선거에서 참패에 이릅니다.

채 합당 후 박주선-유승민 공동대표 체제로 지방선거를 치릅니다. 유승민계와 안철수계가 선거를 앞두고 계파 싸움을 치렀고, 공천 싸움으로 지방선거 때 박살이 났어요.

지방선거 끝나고 비대위가 꾸려졌습니다. 당의 생존을 위해 젊은 의원들 중심의 비대위가 구성된 거지요. 저도 처음으로 당 최고위의 구성원으로 당의 운영에 참여하게 됐어요.

독일로 떠나는 안철수 전 대표는 손학규 대표를 전당대회에 출마하도록 하였고 설득했죠. 지방선거에서 안철수 서울시장후보 선대본부장을 맡았던 손학규 대표는 선거 후 정계 은퇴를 예정하고 있었는데 안 전 대표의 부탁을 받게 된 거죠. 당권을 바른정당계가 아니라 국민의당계가 잡고가게 된 겁니다.

주 2018년 9월 손학규 당대표 체제가 출범하고 안정적인 시기가 있었습니다. 하지만 앞서 얘기했던 대로 <선거법> 개정, 검찰개혁을 위한 패스트트랙 과정으로 바미당은 한 지붕 두 가족, 세 가족으로 쪼개지기 시작했어요. 바미당에게는 패스트트랙이 어떤 의미였습니까?

채 내홍이 노골적으로 심화되는 시간이었습니다. 손 대표는 국민의당과 바른정당의 화학적 결합을 위해 탕평인사, 사무처 구조조정 및 통합, 정당연구소 통합 등 많은 노력을 했습니다. 김관영 원내대표는 의원들 간의 관계를 원만하게 이끌어갔어요. 교섭단체 자격을 가진 제3당으로 민주당과 자한당의 중재 역할을 해냈고, 당의 존재감이 각인되어 안정적인 상황이었습니다. 앞서 말씀드린 2018년 12월 〈선거법〉 개정안 5당 합의는 손학규, 김관영 두 대표가 이끌어낸 성과이자 제3당인 바미당의 정치적 성과였어요.

2019년 4월 4일 국회의원 보궐선거에서 바미당은 창원 성산에 후보를 내었다가 패배했습니다. 예상한 결과였고, 1석을 다투는 선거였기 때문에 당내에서 큰 의미를 두지 않았습니다. 그런데 바른정당계 최고위원(하태경, 이준석, 권은희)을 중심으로 선거 패배에 대한 책임을 물으며 손 대표 사퇴를 요구했어요. 당권 싸움의 시작이었습니다. 당시에는 다른 바른정당계 의원들도 손 대표 사퇴에 동의하지 않았고, 오히려 분란을 일으키는 최고의원 세 명에 대해서 불만을 토로하기도 했어요. 이 와중에 패스트트랙 국면을 맞이하게 됐습니다.

국회 전체적으로 보면 정치개혁, 그러니까 〈선거법〉 개정과 검찰개혁을 찬성하는 측과 반대하는 세력으로 나눠졌어요. 바미당은 분당까지 가게 됩니다. 본질적인 이념의 차이와 개혁의 찬반 입장이 의원 개개인마다 적나라하게 드러났어요. 종국에는 보수 진영인 자한당의 통합이나 연대가 가능하냐로 연결됐습니다. 민주당에서 탈당하여 만들어진 국민의당은 2016년 총선에서 승리 경험이 있었습니다. 따라서 제3당이 독자 생존할 수 있다고 믿지요. 하지만 바른정당은 탄핵 정국에서 국정농단 세력과 결별하고 탄핵을 찬성하면서 새누리당을 나와 탄생한 정당이죠. 독자적인 총선을 치른 선거 경험이 없었기에 총선을 위해서는 자한당과 통합, 연대해야 승리한다는 불안감이 컸습니다. 그래서 〈선거법〉 개정은 자한당과 바미당에 소속된 자신들에게 불리하다고 생각한 거지요. 겉으로는 선거의 규칙을 전체 동의 없이 만들 수 없다, 자한당이 동의하지 않는 〈선거법〉 개정은 반대한다고 이야기했지만 말입니다. 결국 〈선거법〉 개정, 검찰개혁에 반대한 의원들은 2020년 총선을 앞두고 보수 진영의 통합에 동참해 통합당으로 갔어요. 국민의당과 바른정당, 신념의 뿌리가 다른 두 정당은 결국에는 한 몸이 될 수 없었던 겁니다.

주 당은 그렇게 분열의 길로 달려갔습니다. 동시에 채 의원은 당 대표 비서실장으로 손 대표가 중심에 있었던 당권 싸움을 치러내면서 여의도 현실 정치를 경험한 것 같네요.

채 손 대표가 저에게 비서실장 맡으라면서 "맨날 정책만 할 거야? 정치도 배워야지."라고 했습니다. 전당대회 이후 당 대표 비서실장을 맡아달라는 손 대표에게 저는 하던 대로 정책위 활동을 하겠다고 했는데, 그런 저에게 일침을 놓은 거죠. 여기서부터 제2의 징치 경험이 시작됐습니다. 제1의 경험은 당 통합 과정이었어요. 당대표 비서실장으로 당의 운영에 적극 참여했습니다. 2019년 4월 보궐선거에서 지면서 내부 당권 투쟁까지 겪으며 정치가 권력을 위한 끝없는 투쟁이라는 것을 한 번 더 깨닫게 됩니다.

손학규 대표에게 많이 배웠습니다. 연동형 비례대표제, 다당제, 합의제 민주주의, 개헌은 정치인 손학규의 변함 없는 소명이었어요. 이상적인 정치에 대한 노력을 하는 과정에서 벌어진 당권 투쟁이라는 현실 정치에서의 싸움에서 물러날 수 없었습니다. 같이 일하는 동안 정치란 무엇인가, 중도란 무엇인가, 다당제란 무엇인가에 대한 고민을 치열하게 했고, 제 나름의 정치적 신념이 생겼어요. 그리고 정치에 대해 새로운 생각을 갖게 됐습니다. 마치 '국회대학 정치학과' 4년을 우수한 성적으로 다닌 것 같은 느낌이죠. (웃음)

무엇보다 경제구조개혁은 정치구조개혁 없이는 어렵다고 확신을 갖게 됐고, 우선순위를 따지라면 정치개혁이 더 먼저라는 생각은 제 사고의 틀에서 엄청난 변화였어요. 지금 코로나19 펜데믹이라는 위기의 와중에도 〈선거법〉 개혁과 개헌이 더 우선 과제일 수 있겠다는 생각을 하게 됐습니다.

제3의 길,
끝이 아니라 시작이다

주 정치에 입문할 때부터 기득권 정치가 아니라 견제와 균형이 가능한 정치가 필요하다고 누차 강조했습니다. 제3정당, 제3지대의 필요성도 이야기했고요. 제3지대란 정확히 무엇을 뜻합니까?

채 총선이 시작되기 전, 올해 2월부터 이번 총선의 명확한 결과가 하나 있었습니다. 매우 안타깝게도 21대 국회에 '제3지대 정당은 없다'는 것이지요. 제3지대는 기존의 양당 구도의 정치 지형을 새로 개편하는 '중도정치'를 말합니다. 단순하게 의석수 규모에 따른 제3당과는 엄연히 다르지요. 통일국민당(정주영 창당), 자유민주연합(김종필 창당), 민주노동당(이후 통합진보당) 등이 제3당인 적은 있으나, 제3지대 정당은 아닙니다.

기존의 양당 구도는 진보와 보수의 이념적 구도입니다. 이러한 이념적 정치 지형이 형성되기 이전에는 민주 대 반민주의 구도였으나, 3당 합당(1990년)과 문민정부 출범(1993년), 3김 시대의 끝으로 민주 대 반민주의 구도는 사라졌어요. 즉, 산업화와 민주화를 달성한 우리는 이제 '성장이냐 분배냐'라는 경제적 문제의 정치적 해법을 찾는 진보와 보수의 구도로 발전한 것입니다. 여기서 진보와 보수라는 이념적 평가는 절대적이라기보다는 상대적인 개념이며, 특정 정당만을 지칭하기보다는 정치 지형상 '진영'으로 넓게 이해해야 합니다.

진보와 보수의 이념적 정치 지형에서 중도정치 영역은 세계적으로 진행된 '제3의 길The Third Way'이란 정치와 맥락을 함께 합니다. 1997년부터 10년간 영국 총리를 역임한 토니 블레어Tony Blair의 정책 브레인인 앤서니 기든스Anthony

Giddens 사회학자가 사회민주주의와 신자유주의를 극복하려는 새로운 이념 모델로 '제3의 길'을 제시했고, 노동당의 토니 블레어 전 총리의 '신좌파 노선'과, 사민당의 독일 게르하르트 슈뢰더Gerhard Schroder 전 총리의 '새로운 중도 노선', 전진당의 프랑스 에마뉘엘 마크롱Emmanuel Macron 대통령의 '실용 중도 노선'은 실제 실행함으로써 유럽을 넘어 세계적인 중도정치의 열풍을 만들어냈습니다. 유럽의 제3의 길이든 한국의 제3지대든 기존의 양분된 이념적 정치 지형에서 중도라는 영역을 정식으로 정치 지형화하고자 하는 것이지요.

주 정치에서의 '중도'란 무엇이라고 생각합니까?

채 이론적인 정의가 아닌 현실 정치에서 중도는 진보와 보수의 중간값으로 생각하고는 합니다. 물론 특정 사안에 양쪽의 대립을 해결하기 위해 중간값으로 타협하는 것을 중도로 인식될 수 있는데, 대표적으로 '중 부담, 중 복지' 정책이 있을 수 있지요.

하지만 중도정당은 모든 분야에서 별도의 중도 정책을 갖기보다 정책마다 진보와 보수를 적절히 섞어 평균적으로 '이 당은 중도구나'라는 평가를 받게 되는 것입니다. 경제적 측면에서는 분배, 복지, 증세를 우선시하는 진보적 정책과 성장, 규제 완화, 감세를 우선시하는 보수적 정책을 조화롭게 선택함으로써 중도정당이라는 평가를 받겠지요.

한편, 우리나라의 경우는 분단의 특수성을 감안할 때 '경제는 진보, 안보는 보수'라는 입장을 통해 중도정당으로 평가받기도 합니다. 다른 측면에서 철학적으로 중용을 추구하는 태도, 사회적 약자에 힘을 실어줘 균형을 맞추는 공정한 입장, 문제의 본질이나 핵심을 꿰뚫어 해결 방안을 제시하는 개혁적이고 실용적인 자세 등이 중도정치로 설명할 수 있겠어요.

종합하면, 제3지대 정당은 기존의 진보와 보수의 양당 구조를 극복하고, 사회 문제를 해결하기 위해 진보와 보수를 배제하는 것이 아니라 융합하여 중도, 개혁, 실용을 추구하는 정당입니다. 이러한 것을 목표로 창당한 것이 2016년의 국민의당이지요.

주 2012년 회계사로 시민사회에서 한국 경제구조개혁운동에만 집중했을 당시에 안철수 현상에 특별한 관심이 없었다 했습니다. 2020년 4년의 의정활동을 마무리할 때 돌아본 안철수 현상은 무엇이었다 생각합니까? 방금 전 말씀하신 제3지대 중도정당을 이끈 리더의 측면에서 바라보면 어떤가요?

채 한국 정치는 민주 대 반민주의 구도가 해체된 이후 진보와 보수의 구도는 약 20년에 걸쳐 점점 극단적 대립 구도로 악화되었습니다. 이 과정에서 2011년 안철수 현상이 나타났지요. 안철수 현상은 기존 정치세력에 대한 반발이자, 새로운 정치세력에 대한 갈망이었습니다. 2012년 대선에서 정권 교체의 실패로 정치 변화의 국민적 열망은 해소되지 못한 채 가슴에 응어리도 남게 되었지요. 그 후 세월호 사건은 박근혜 정권에 대한 실망을 가속화시켰고, 이념을 떠나 합리와 상식을 바라는 새로운 정치세력에 대한 열망은 더욱 커졌습니다. 특히 2016년 총선을 앞두고 민주당과 새누리당의 대립(대표적으로 〈테러방지법〉 필리버스터)은 극심했고, 각 당내에서도 계파 간 패권 다툼은 결국 총선 직전에 민주당은 비노 세력의 탈당으로, 새누리당은 '옥새 들고 나르샤'라는 공천 파동으로 나타났어요. 이것을 지켜보던 국민은 싸우는 정치, 일하지 않는 국회에 더욱 진절머리가 났을 것입니다.

해소되지 않고 더 커져가는 국민적 열망을 믿고 안철수는 2016년 2월 국민의당을 창당했어요. 국민의당은 양당의 적대적 공생관계를 타파하고자 '합리적 진보와 개혁적 보수의 양 날개로 국민에게 안전한 삶, 따뜻한 복지를 제공하는 민생정치를 추구한다'는 중도정치를 표방했습니다. '진보와 보수가 함께'라는 합의제 민주주의 정신, 싸우지 않고 협력하고 일하는 정치, 문제를 해결하고 성과를 내는 국회를 내세우면서 2016년 총선을 치렀지요. 국민의당은 26.74%라는 정당 지지를 받았으며 38석의 교섭단체 정당을 탄생시켰습니다. 비록 300석 중 38석이지만 민주당 123석, 새누리당 122석이어서 투표 결과를 결정하는 캐스팅보터가 된 것이지요. 유럽에서 기존 정당이 노선을 변경하여 제3의 길을 선택한 것과 달리 한국에서는 신생 중도

정당이 국민들의 선택을 받았습니다. 국민이 양당 구조를 깨고, 다당제로의 길을 열어주신 거죠. 국민의당이 명실상부한 제3당으로 자리를 잡을 수 있었던 이유입니다.

하지만 급조된 신생 정당은 태생적 한계를 가지고 있었습니다. 호남 지역의 편중, 구성원의 성향은 민주당에서 낙천하거나 지도부와의 갈등으로 공천이 어려운 이들이 많이 있었어요. 당의 중심이었던 안철수 대표, 박지원 의원, 정동영 의원, 천정배 의원 간의 생각 차이도 컸습니다. 결국 앞서 이야기했던 과정을 거쳐 실패했습니다. 짧은 국민의당의 역사를 통해, 안철수 현상의 증발을 통해 중도정당 실패의 원인을 짚어볼 수 있겠어요.

주 채 의원이 보기에 제3지대 중도정당으로서 국민의당이 실패한 이유는 무엇인가요?

채 실패의 여러 이유가 있겠지만, 가장 근본적인 문제는 국민의당 의원들의 중도정당에 대한 목표 의식 부족이었습니다. 말로는 중도정치와 다당제를 외쳤지만, 결국 재선을 위해서는 이 목표를 헌신짝처럼 모두 버렸어요. 양당 구조를 제도적으로 다당 구조로 만들려는 연동형 비례대표제 도입 과정에서도 드러났듯이 호남 의원들은 지역구 의석수 축소를 막았고, 안철수계 의원들은 〈선거법〉 개정에 반대했습니다. 창업자인 안철수마저 1년 5개월 만에 귀국하자마자 탈당하고, 소위 안철수계 의원들은 셀프 제명과 탈당으로 통합당에 갔지요. 38명의 국회의원으로 출발한 국민의당에 몇 명이나 중도정당을 정치적 목표로 삼고 정치를 했을까? 10명도 안 되었을 것 같습니다.

그리고 몇 가지 실패 이유를 말씀드리면, 첫 번째 시련은 '리베이트 사건'이었습니다. 국민의당은 20대 국회 출발과 동시에 총선 과정에서 김수민 의원이 대표로 있던 홍보기획사로부터 박선숙 의원이 리베이트를 받았다는 억울한 누명을 썼어요. 이로 인해 안철수, 천정배 공동대표가 대표직에서 물러나고, 박지원 의원이 비상대책위원장이 되면서 새정치의 이미지가 크게 훼손됐습니다. 이 사건은 2019년 7월에서야 최종 무죄로 판결되었으며, 박근혜 정권이 국민의당과 안철수를 견제하기 위해 기획된 정치적 음모라는 평가를 받았어요. 국민의당은 거대 양당의 공격을 모두 받아야 하는 처지였습니다.

두 번째 난관은 '언론'이었습니다. 거대 양당은 물론 언론도 국민의당에 호의적이지 않았지요. 거대 양당과 언론은 국민의당의 활동에 2중대 프레임을 씌웠습니다. 민주당과 뜻을 같이 하면 민주당 2중대, 새누리당과 뜻을 같이 하면 새누리당 2중대라는 식으로 제3당의 존재와 가치를 인정하지 않았어요. 또한 언론은 기존의 진보정당, 보수정당이라는 이분법적 틀을 가지고 국민의당을 어느 한쪽에 끼워 넣으려고 했습니다. 국민의당의 중도정치를 부정당하게 된 것이지요. 이러한 현실은 중도정당을 경험하지 못한 한국 사회의 어쩔 수 없는 상황이기도 했습니다. 약 3년간의 중도정당 활동과 역할로 언론은 2중대 프레임은 더 이상 쓰지 않지만 안타깝게도 국민들에게까지 중도정당의 역할과 필요성을 인정받기에는 시간이 더 필요했어요.

세 번째 악재는 역설적으로 '탄핵'이었습니다. 2016년 총선의 국민의당 돌풍은 위와 같은 상황으로 길게 가지 못하고, 총선 직후부터 정당 지지율은 한 자릿수에 머물렀어요. 하지만 국민들의 열망은 여전히 높았고, 그 열망은 탄핵 촛불집회로 나타났습니다. 탄핵으로 당겨진 대선 일정은 신생 정당인 국민의당에게는 준비 시간의 부족이었고, 결국 대선에서 3등으로 패배를 했어요. 국민들은 총선에서 국민의당에게 양당 구도를 견제할 수 있을 정도로 힘을 줬지만, 국민의당은 아직 정권을 맡길 정도는 아닌 작은 신생 정당이었던 것입니다.

2017년 촛불, 탄핵, 대선은 한국 정치에 매우 큰 의미가 있었고, 중도정치에 대한 가능성도 완전히 닫힌 것은 아니었어요. 촛불 이후 보수 진영의 콘크리트 지지율 30%는 무너졌고, 새로운 정치세력인 안철수(21.41%)와 유승민(6.76%)은 합쳐 28% 가량의 지지를 받았습니다. 촛불 이후 한국 정치의 이념 지형은 왼쪽으로 이동한 것입니다.

네 번째 어려움은 연속되는 선거로 인한 '조급함'이었어요. 2016년 총선, 2017년 대선, 2018년 지방선거, 한 해도 쉬지 않고 선거가 있었죠. 정당은 계속되는 선거를 통해 국민의 판단을 받는데, 신생 정당인 국민의당이 긴 안목을 가지고 대처하기란 현실적으로 쉽지 않은 거죠. 대선

2016년 12월 9일, 채이배 의원이 국회 본회의에 상정된 '박근혜 대통령 탄핵소추안'의 감표위원으로 참여하여 탄핵안이 234표로 가결되었음을 알리고 있다. (사진 ⓒ 뉴스1)

패배 이후 지방선거는 반드시 성과를 내야한다는 압박감이 조급증을 가져왔죠. 그 조급증의 결과가 앞서 말씀드린 바른정당과의 통합이었죠. 명분도 없고, 절차도 무리한 정치공학적 통합이었고, 결국 호남 의원 15명이 탈당하는 마이너스 통합이었죠. 지방선거라는 빅이벤트를 통해 당원 조직, 지역 조직을 강화하여 정당의 뿌리를 내렸어야 했는데 안철수, 유승민이라는 중앙정치의 큰 인물 중심으로 바람을 일으켜보려고 했던 거죠. 조급증이 만든 실패한 전략이었습니다.

주 중도정당인 국민의당은 정체성을 잃었고, 이번 2020년 총선에서도 실패했습니다. 우리 정치 지형에서 중도정당이 필요하다면, 여전히 중도를 향한 국민의 열망을 받아내야 한다면 어떤 시도가 필요하겠습니까?

채 20대 국회의 국민의당 실패가 중도정당 실험의 끝이 아니라 시작이었다는 것은 분명히 하고 싶습니다. 2016년 한 명의 거대한 안철수가 중도정치의 물꼬를 열었다면 이제는 수많은 작은 안철수가 나타나 개인이 아닌 세력으로 중도정치의 실험을 계속해야 할 것입니다. 청년 정당에게 희망을 겁니다. 미래딩이니 시대전환 같은 30~40대 청년 정당은 이념적 지향을 가지고 있지 않습니다. 탈이념 정당으로 중도정당과 맥락을 같이하며, 미래를 준비하기 위한 정책 정당을 표방해요. 청년 정당들이 장기적 안목을 가지고,

중도정치의 뜻을 가진 사람들을 모으고, 기존 정당들과 협력한다면 정치가 바뀔 것입니다.

한편, 중도정치를 하려면 제도적 기반 즉, 시스템을 마련해야 합니다. 이 시스템이 〈선거법〉 개정과 개헌입니다. 20대 국회가 정치적 이해관계에 따른 협상으로 누더기 법을 만들었고, 비정상적인 비례 위성 정당이 출현하면서 법 개정의 의미가 사라졌습니다.

21대 국회는 반드시 민심 그대로를 반영할 수 있는 선거제도를 다시 추진해야 해요. 석패율제, 중대선거구제, 의원 정수 확대 등으로 지금의 폐해를 없애는 방향으로 〈선거법〉 개정이 이루어져야 합니다. 또한 제왕적 대통령제의 문제를 해결하기 위한 권력구조 개편의 개헌을 반드시 추진해야 해요. 〈선거법〉 개정과 개헌은 국회가 건강한 민주주의의 생태계를 이루는 데 반드시 필요합니다. 이를 통해 적대적 공생관계의 양당 구조가 깨지고, 제도적인 다당제를 통한 중도정치가 펼쳐지길, 공정한 정치 생태계가 만들어질 수 있길 간절하게 바랍니다. 공정한 정치 생태계 위에서 공정한 경제 생태계가 확장될 수 있습니다. 그리고 저도 그 길에 함께 하길 바랍니다. 그것이 제 정치의 소명입니다.

경제민주화를 넘어
공정한 경제로

6

새로운
경제민주화를
위하여

코로나19
경제 위기의 해법

주 인터뷰를 처음 시작할 때 이런 얘기를 했습니다. 우리 사회가 코로나19 팬데믹으로 겪고 있는 경제 위기가 오히려 더 공정한 경제체제로의 대전환을 이루는 기회가 될 수 있다고요. 코로나19 경제 위기는 이전의 위기들과 어떻게 다릅니까?

채 위기는 매번 다른 얼굴로 갑작스럽게 찾아옵니다. 20년 전 IMF 외환 위기, 10년 전 글로벌 금융 위기 그리고 지금의 코로나19 경제 위기는 각자 다른 방식으로 우리 사회를 위협합니다. 어떤 위기이든 회복 탄력성이 높은 새로운 경제 모델을 만들어가는 것이 길입니다.

IMF 외환 위기는 우리 내부의 문제였습니다. 경기가 호황인 시절에 기업들은 너도 나도 중복 투자, 과잉투자를 했어요. 또한 금융기관은 금리가 낮은 단기 외채를 무분별하게 도입하고 막상 그 자금을 가져다 쓴 기업들은 장기적인 시설에 투자하면서, 금융기관들은 외채 상환과 자금 회수의 시점이 불일치하여 자금 유동성 위기를 맞은 것이죠. 재벌 대기업들의 잘못된 판단, 국가의 금융 관리 부실이 국가 부도 상황을 만들었습니다. 결국 우리 모두가 잘 알고 있지만, 모든 국민의 고통 분담으로 위기를 극복했어요. 국민들의 금 모으기 운동이 대표적이지요. 나아가 정리 해고와 비정규직제도 도입 등 노동자들의 고통 분담, 재벌 그룹의 해체, 과잉투자 산업의 산업구조조정(빅딜, big deal. 특정 분야 사업의 경쟁력을 높이기 위하여 대기업 간에 이루어지는 사업 부문의 교환), 은행 부도와 공적 자금 투입 등 단기간에 엄청난 숙제를 해냈습니다. 그 결과, 경제지표는 빠르게 회복되었고, 외환 위기를 극복했지요. 하지만 그 과정에서 양극화라는 새로운 문제가 시작되었습니다.

글로벌 금융 위기 때를 기억해볼까요. 미국발 서브프라임 모기지 사태가 부른 금융 위기가 국제금융시장의 위기로 확장된 것이었죠. 우리나라처럼 대외 의존도가 높으면 세계 경기에 민감할 수밖에 없습니다. 대표적인 사례로, 미국의 소비가 줄어드니 수출입 규모가 줄어 해운업이 침체가 되고, 배가 움직일 일이 줄어드니 조선업 침체가 온 것이죠. 배를 만들지 않으니 철강업도 어려워지고요. 해운업, 조선업, 철강업 모두 우리나라의 주력 산업으로 글로벌 금융 위기가 한국 경제를 출렁이게 했죠. 한편, 미국은 금융 위기를 탈출하기 위해 '헬리콥터 머니'라는, 중앙은행이 경기 부양을 위해 하늘에서 돈을 뿌리는 방식으로 엄청난 돈을 풀었어요. 양적 완화 정책을 선택한 겁니다. 세계 돈의 중심인 달러를 찍을 수 있는 미국만이 할 수 있는 일이었어요. 미국의 양적 완화 정책과 한국 경제의 기초 체력이 좋은 덕분에 다행히 글로벌 금융 위기도 넘어갔어요. 하지만 한국 경제의 양극화는 더 심해졌습니다.

우리는 두 번의 위기를 잘 극복했지만, 동시에 양극화의 심각한 문제를 절감하게 됐습니다. 자연스럽게 지난 두 번의 대선에서 양극화 해소는 핵심 공약이었어요. 그런 와중에 코로나19 경제 위기가 찾아왔습니다. 코로나19 경제 위기는 앞선 두 개의 위기와는 근본적으로 다릅니다. 우리나라만의, 금융 부문만의 위기가 아닌 전 세계적인 실물경제의 위기입니다. 혼자의 힘으로 극복할 수 없습니다. 최우선 과제는 당연히 코로나19를 잡는 백신이나 치료제 개발일 것입니다. 하지만 시간이 걸리고 성과 여부도 미지수입니다. 이로 인한 불확실성은 경제의 불안을 키우고, 사람과 사람 간의 교류를 제약하고, 소비와 생산을 위축시키고 있습니다. 재난은 가장 약한 곳을 가장 빠르게 무너뜨려요. 양극화는 극심해질 수밖에 없습니다.

요약하면, 우리는 위기를 겪을 때마다 극복해왔습니다, 하지만 양극화 문제는 경제 위기가 남긴 깊은 상처가 되고 있습니다. 양극화 문제 해결을 위한 노력을 꾸준히 해왔지만 큰 성과를 내지 못했지요. 결국 '더 큰 위기로 인하여 더 큰 상처만 남길 것인가? 아니면 더 큰 치유책으로 양극화 문제를 해결할 것인가?' 그 기로에 서 있습니다. 저는 코로나19 팬데믹으로 인한 경제 위기가 오히려 더 공정한 경제체제로의 대전환을 이루는 기회가 될 수 있다고 생각합니다.

주 세계의 석학들도 코로나19 팬데믹이 새로운 세계로의 전환 기회라고 강조합니다. 특히 자본주의의 불평등 문제를 지적한 토마 피케티 파리경제대 교수는 영국《가디언》지와의 인터뷰에서 '중세의 흑사병이 봉건제를 무너뜨리면서 사회 변화를 가져온 것처럼 코로나19 대유행에 잘 대응하면 공정하고 평등한 국가를 되살릴 수 있다'는 주장을 했어요.
채 의원도 코로나19가 만든 위기를 기회로 만들 수 있다고 확신하는 겁니까?

채 우리는 '비자발적 전환의 시기'를 맞고 있습니다. 항상 미래를 준비하지만 더딘 상황에서 위기가 변화를 촉진하는 겁니다. 어쩔 수 없이 변화해야 하는 상황에서 좋은 변화를 만들어내면 위기가 기회가 되는 거죠. 지금이 바로 위기를 기회로 만들 수 있는 한국 경제의 중요한 골든타임입니다.

주 비자발적 전환은 이미 국민의 일상에서 시작됐습니다. 코로나19

사태로 재택근무, 온라인 교육과 인터넷 쇼핑 등의 비대면으로 초연결사회가 일상화됐어요. 국민의 일하는 방식, 소비하는 방식, 삶의 방식이 완전히 바뀐 셈입니다. 더 공정한 경제로의 미래를 어떻게 준비해야 할까요?

채 10년 후에 맞이할 미래가 하루아침으로 앞당겨졌어요. 우리 경제의 현재 문제인 양극화와 저성장이 해결되지 않은 채 이 문제를 더 심화시킬 코로나19 사태가 온 것이죠. 결국 공정성, 민생, 미래 사회 우선의 원칙으로 지속 가능한 경제구조를 만들어야 합니다. 회복 탄력성이 고루 높은 사회가 되어야 합니다.

낡은 생각, 익숙한 방식과 이별할 때입니다. 저를 포함한 모든 정치인과 정책 결정권자들이 빠르게 진화하고 변화해야 합니다. 경제민주도도 마찬가지입니다. 고전적인 경제민주화는 이제 새로운 위험을 새로운 기회로 만들기 위해 새로운 차원의 정책으로 진화해야 합니다. 새로운 생각과 새로운 방식이 필요합니다. 새로운 경제민주화는 투명하고 정직한 경제를 향해야 하고, 이를 코로나19가 부른 최첨단 기술 기반의 초연결사회를 융합하는 틀을 새롭게 만들어야 합니다.

재정주의자인 홍남기 경제부총리는 코로나19 사태 이전에 이미 역할을 다했습니다. 문재인 정권에 한 가지 제안을 드립니다. 기존과 같이 재벌, 대기업을 감독하는 공정거래위원회나 금융위원회, 금융감독원 같은 부처만으로 경제민주화를 이룰 수 없습니다. 이제는 보건복지부, 중소벤처기업부, 과학기술부, 4차산업혁명위원회까지 포함한 새로운 경제민주화 팀을 만들어야 합니다. 그 경제 팀은 초연결사회에 맞는 새로운 국가의 역할을 정비하고, 새로운 경제의 경쟁력을 찾는 데 집중해야겠죠.

주 새로운 경제민주화를 강조했습니다. 경제민주화운동이 시작된 1990년대 후반과 지금을 비교하면 세계경제 질서가 크게 바뀌었습니다. 현재는 미국과 중국의 경제 패권 다툼이 치열한 양상을 보입니다. 또한 이미 지적했듯이 코로나19 사태로 인해 실물과 금융을 아우르는 전 세계적 경제 위기로 상당 기간 이어질 것입니다. 우리는 어떻게 대응해야 할까요?

채 우리는 '미-중 무역 전쟁'을 겪고 있었습니다. 미국 트럼프 Donald Trump 대통령의 '아메리카 퍼스트'(미국 우선주의) 정책으로 세계경제 질서가 흔들리는 거죠. 양국이 서로 관세를 부과하는 것이 서막이었지요. 이로 인해 가장 취약한 국가가 우리라는 지적이 있었어요. 관세가 오르면 중국의 대미 수출이 감소하는데, 이와 맞물려 반도체를 비롯한 전기 전자 분야를 중심으로 한국의 대중 수출이 직격탄을 맞기 때문이지요. 미국과 중국의 패권 다툼이지만 보호무역주의라는 점에서 전 세계가 과거로 돌아가는 상황이었습니다. 보호무역은 전 세계가 서로의 기회를 박탈합니다. 그 와중에 일본이 우리에게 타격을 입혔어요. 우리 경제는 미중 무역 갈등에 끼여 기운을 잃은 여건에서 일본이 수출 규제를 하면서 한 번 세게 얻어맞았고, 코로나19로 인해 한 번 더 얻어맞은 셈이지요.

문제를 푸는 방법은 경제민주화에 충실하는 것입니다. 그것이 내부의 경쟁력과 시장의 경쟁력을 키웁니다.

첫 번째, 위기였던 일본의 수출 규제는 우리가 위기를 기회로 만들었어요. 반도체산업이 휘청할뻔한 상황에서 국내의 밸류 체인(value chain, 가치 사슬)을 만들어낸 겁니다. 1980년대부터 40년간 부품·소재산업을 키워야 한다고 누차 이야기했지만, 경쟁력을 키우지 못하고 일본이나 독일에 의존했었어요. 그런데 보호무역주의라는 큰 파고를 만나 우리의 경쟁력으로 뛰어넘은 겁니다. 부품·소재산업으로서 중소기업이 제대로 자리를 잡아야 우리 대기업도 버틸 수 있다는 깨달음을 얻은 겁니다. 정부의 역할이 컸어요. 신속하게 '소재·부품·장비 경쟁력 강화 대책'을 마련해 3대 수출 규제 품목에 대해 공급 안정화를 달성하고, 앞으로의 유사한 문제가 발생하지 않도록 100대 핵심 품목을 선정해 기술 개발을 추진했죠. 전반적인 소재·부품·장비산업의 경쟁력 강화를 위한 제도적 기반도 구축한 겁니다.

학습의 경험이 있으니 응용하고 실천해야죠. 위기인 코로나19 사태로 보호무역주의는 더 강화될 테니 준비해야 합니다. 사람과 물건의 교류가 줄어들 수밖에 없으니 세계화는 축소되는 것이지요. 우리는 다행히 일본의 수출 규제로 학습을 했고 빠르게 대응할 수 있게 됐습니다. 일본과의 관계에서는 반도체산업만 해당 사항이 있었다면, 이제 전체 산업에 응용해서 대안을 마련해야 하죠. 대표적인 산업이 자동차입니다. 중국에서 부품을 만들어오던 것이 정상적으로 공급되지 않는 상황이 생긴 거지요. 국내 자동차 생산액 중 0.1%에 불과한 중국산 수입 부품인 와이어링 하니스(wiring harness, 차량 배선 뭉치)가 코로나19 사태로 공급이 끊기자 현대자동차는 공장별 순차적 휴업에 들어가고, 쌍용차는 생산 감축을 하는 등 국내 자동차산업이 멈췄습니다. 와이어링 하니스는 자동차의 여러 전자/전기 장치에 연결되는 배선을 하나로 묶은 노동 집약적 부품, 단순 가공 부품입니다. 그런데도 우리 자동차산업이 멈췄습니다. 문제는 중국에서 수입하고 있는 품목은 와이어링 하니스뿐만 아니라 조향장치(핸들), 에어백 등 총 150여 종이라는 것이지요. 전체 자동차 부품 수입액 중 중국 의존도 비중은 29.2%나 됩니다. 국내의 밸류 체인이 시급한 상황이에요.

정리하면, 한국 경제의 양극화와 저성장 문제와 세계경제의 보호무역주의 모두 코로나19 사태로 더 심화되고 세계경제와 한국 경제는 위기를 맞이했습니다. 하지만 우리는 일본 수출 규제 대응으로 보호무역주의의 위기를 극복하는 방법을 이미 터득했습니다. 불가피한 상황에서 키워진 새로운 경쟁력이 보호무역주의가 사라지고 글로벌 경제가 활성화됐을 때 미국과 중국에 상응하는 힘을 가질 수 있다는 것을 알았죠. 위기의 제조업이, 중소기업이 국내에서 다시 일자리를 만들 수 있는 기회가 된 것입니다.

두 번째, 제조업의 위기를 서비스업의 기회로 삼아야 합니다. 사람의 이동, 물건의 이동은 대폭 줄어든 대신 서비스의 확대가 그 이동의 부재를 채우고 있는 상황입니다. 새로운 서비스산업을 통해 경제 돌파구를 마련해야 한다는 생각이에요. 제조업 기반의 산업구조에서 서비스 기반으로 전환해야 한다는 얘기는 10년 전부터 나왔습니다. 하지만 그동안 큰 변화를 만들어내지 못했습니다. 지금의 위기를 기회로 삼아 산업구조의 전환을 추진해야 합니다.

주 국내 밸류 체인의 재구성이 소재·부품·장비산업의 강화를 가져오고, 제조업과 중소기업에서 일자리가 다시 창출된다는 건 동의합니다. 그런데 서비스업으로의 전환 기회는 어떻게 만들어질 수 있을까요?

채 우리 내부 경제의 새로운 변화를 살펴볼까요. 사람과 물건의 대면 교류가 줄어들면 그 부재를 비대면 서비스가 채웁니다. 간단한 사례로 우리가 외식을 줄이고 집밥을 먹게 되면서 외식산업이 집 밥의 과정으로 들어오게 되는 거죠. 완성된 음식의 배달 서비스 활성화입니다. 또한 기존 식품산업에서도 변화가 생기는 거죠. 손쉽게 집에서 해 먹을 수 있는 완성된 음식이나 소금만 조리하면 먹을 수 있는 가공된 식자재 제조의 수요가 커졌습니다. 기존의 유통 방식도 변해서 오프라인 매장이 아닌 온라인에서의 주문이 더 활성화되면서 물류 서비스가 커졌습니다.

한국 산업은 제조업 기반의 성장을 서비스업으로 전환하는 노력을 계속해야 한다고 했지만 코로나19 사태로 급격하게 변화가 만들어진 거지요. 비자발적 전환이죠. 코로나19 사태로 만들어질 수 있는 서비스산업은 이런 고전적인 영역이 아니라 위기 과정에서 만들어진 새로운 분야, 확장된 영역으로 활로를 찾아갈 수 있겠지요. 배달 서비스, 운송과 물류 서비스 사례를 들었지만 상상하지 못했던 새로운 서비스들이 나타날 수도 있습니다. 당장 재택근무, 의료, 교육에 대한 변화를 경험하고 있고 의식주 중심의 네트워크까지 연결하는 새로운 서비스 기회를 만들 거예요.

4차 산업혁명은 융합을 바탕으로 흐름을 만들어갑니다. 코로나19 이전까지는 산업으로 인정받지 못했던 영역에서 융합을 통한 다양한 산업이 가능성을 열어가고 있어요. '산업'은 여러 기업들이 뭉치고, 같은 종류의 기업들이 다양해지면서 만들어지는 겁니다. 예컨대 배달 서비스는 기업이 하는 주된 사업이 아니라 부속 사업이었던 거죠. 그런데 새로운 상황에서 새로운 기업이 나타나서 전담을 해보니 부가가치를 생산한다는 것이 증명되면서 다른 많은 기업들이 참여하게 되고 그렇게 되면 산업이 형성되는 겁니다. 코로나19라는 위기가 만들어나갈 새로운 기회들이 기대되는 이유이지요.

주 재난이 덮쳐도 회복력을 높이고 부작용을 줄이는 장기적인 위기 대응책이 공정한 경제 생태계를 만드는 것이라 했습니다. 경제의 질을 높인다는 표현을 써도 되겠지요. 지금 상황에서 경제의 질을 높이는 첫 단추는 무엇입니까?

채 계속 말씀드리지만, 한국 경제는 이미 양극화 심화라는 경제 위기 단계였습니다. 재난으로 인한 급격한 위기는 아니지만, 재벌 대기업 중심의 성장 정책이 한계에 직면해 저성장 국면으로 들어섰고, 천천히 끓는 냄비 속의 개구리 같았죠. 고용 없는 성장, 임금 없는 성장, 기업은 돈을 버는데 개인은 가난해지는 원천 분배의 왜곡이 심했죠.

공정한 경제 생태계는 한국 경제의 가장 본질적인 문제, 양극화가 해소된 경제모델입니다. 대기업과 중소기업의 격차, 정규직과 비정규직의 격차, 수도권과 지방의 격차, 사회의 모든 격차를 줄이는 과정이 결국 경제 양극화를 줄이는 과정이고요. 양극화 해소를 위해 공정한 경쟁 체제를 만드는 겁니다. 그동안 재벌, 대기업, 수도권, 정규직 중심의 정책 일변도였기에 반대쪽을 더 많이 지원하고 자립할 수 있게 만들어주면 기울어진 운동장의 균형을 잡고 공정한 경쟁 구도를 만들고, 공정한 생태계가 만들어지겠지요.

우리가 대기업과 중소기업의 격차를 줄이는 문제에 천착할 수밖에 없는 이유는 우리나라 노동자의 대부분이 중소기업에서 일을 하고 있기 때문입니다. 중소기업이 힘들면 결국 우리 국민의 삶이 힘들어져요. 개인 간의 양극화도 커집니다. 그래서 재벌개혁이 필요하다는 것이었죠. 재벌을 망하게 하자는 것이 아닙니다. 중소기업에게 경쟁할 수 있는 기회를 주자는 것이지요.

주 양극화 해소를 위해 대-중소기업 간 기울어진 운동장을 바로 잡는 일이 급선무라는 것이군요. 핵심은 하향 평준화 방식이 아니라 상향 평준화 방식이라는 것이고요?

채 대기업과 중소기업의 경쟁이 불공정하기 때문에 경쟁을 공정하게 만드는 방법은 기울어진 쪽에 힘을 실어주는 거예요. 정치의 중도도 기계적인 중간값이 아니라 약자 편에 힘을 실어줌으로써 균형을 맞춰주는 겁니다. 경제도 같아요. 중소기업, 자영업자, 비정규직 등 경제적 약자라고 생각하는 곳에 힘을 더 실어주는 것이 균형을 잡는 일이고 중도의 역할입니다.

앞서 말씀드렸지만 20대 국회에서 성과를 계획만큼 내지 못했어요. 기업지배구조 개선이나 중소기업과 대기업 간의 상생 협력 등을 초기에는 중요한 과제로 여겼지만 결국 기득권을 이기는 개혁을 이룰 수 있는 정치구조가 아니었습니다. 만약 제가 추진했던 〈공정거래법〉이나 〈상법〉의 개정안이 통과됐다면 전대미문의 위기에서 국민경제의 회복 탄력성을 높일 수 있는 좋은 안전판이 되었을 것이라 확신해요.

주 앞으로가 중요하겠습니다. 또 어떤 대책으로 양극화의 골을 좁히고, 불평등을 완화하는 길로 나아갈 수 있겠습니까?

채 양극화 해결을 위한 해법들을 앞서 말씀드렸는데 결국은 다시, 새로운 경제민주화입니다. 다시, 새로운 공정성의 문제입니다. 경제민주화는 기울어진 운동장을 바로잡고, 일하는 모든 노동자와 기업이 공정하게 경쟁할 수 있도록 하는 것입니다. 경제민주화가 사회의 지속 가능성을 높이고, 공정성이 사회의 회복 탄력성을 강화합니다.

우리는 위기가 오기 전 일상에서 대-중소기업 간의 격차를 줄이기 위해서 상생 협력을 해야 한다는 목표를 가졌었죠. 그런데 앞서 말씀드렸듯이 일본 수출 규제에 대응하면서 경쟁력을 갖기 위해 중소기업과 대기업 간의 밸류 체인을 형성하게 됐습니다. 국가가 역할을 했어요. 대-중소기업 간의 새로운 밸류 체인은 기존의 대기업이 수요자입니다. 기존의 대기업 수요 독점 기반에서의 갑을 권력관계를 국가의 조율을 통해 대-중소기업 간 동등한 경쟁관계 모델로 전환됐어요. 그런 면에서 진정한 대-중소기업 간의 상생 협력이 가능해졌다 할 수 있습니다. 하나의 모델이 계속 효과를 발휘한다면 새로운 밸류 체인들이 만들어지면서 일관되게 적용할 수 있겠죠.

다만, 정부가 모든 관계를 다 조정하고 맺어줄 수는 없습니다. 일본 수출 규제는 긴박하고 제한적인 분야였기에 중소기업의 기술 개발 지원을 적극적으로 하고, 대기업까지 포함해서 갈 수 있는 구조를 만들 수 있었던 측면이 있지요. 이 구조가 시장에서 작동할 수 있어야 합니다. 코로나19 이후의 상생 협력에 대한 욕구는 생존을 향한 것이에요.. 일방적으로 누군가가 이익을 독점한다는 것은 지속 가능성을 훼손하는 방식이라는 것에 대한 공감대가 확장되어야 합니다.

주 <공정거래법>, <상법> 외에도 대-중소기업의 상생 협력을 위해서 적극적인 대기업에 인센티브를 주는 법안을 냈더군요. 정부가 다 할 수 없으니 자발적으로 상생 협력을 할 수 있도록 대기업을 이끌어내는 방안을 제안한 것으로 이해합니다. 실효성이 있겠습니까?

채 정부는 최소한의 역할로 마당만 깔아주자는 겁니다. 그 방법으로 이익공유제가 법 제도를 통해 자리를 잡아야 하고요. 이익공유제란 2011년 동반성장위원회 정운찬 위원장이 처음 제안한 제도로 대기업이 해마다 설정한 목표 이익치를 초과하는 이익이 발생했을 경우 대기업에 협력하는 중소기업의 기여도 등을 평가하여 초과 이익의 일부를 나누어주자는 것입니다. 갑질 논란으로 소비자 불매운동에 휘말렸던 남양유업이 공정위와 동의 의결을 체결하면서 농협 납품 시 발생하는 순영업이익의 5%에 해당하는 이익을 대리점에 분배하는 등 자율적으로 협력 이익공유제를 도입하기로 했어요. 이처럼 이익을 독점하는 대기업의 생각이 바뀌어야 가능한 일입니다. 이익을 공유해야 지속 가능한 이익을 창출할 수 있다는 깨달음을 얻어야겠지요.

당장은 대-중소기업 간의 경쟁력 강화를 위한 협업도

어쩔 수 없는 생존의 문제가 되어 작동은 할 것으로 기대합니다. 예전에는 중국에서 저렴한 부품을 갖고 왔는데, 지금은 여의치 않으니까요. 정부가 국내 중소기업에 기술 지원을 해주고 공장 건설에 조세·재정을 지원하는 역할을 하고 대기업은 그 생산품을 조달받는 구조가 만들어질 겁니다. 그리고 다른 분야까지 확장이 되어서 대-중소기업 간 상생 협력이 생색내기가 아니라 지속 가능한 이윤을 창출하는 영역으로 생각을 바꾸는 시간이 필요하겠죠. 상생 협력에 따른 사회적 인센티브 구조를 만드는 일은 정치 리더의 몫이 되겠죠. 기승전'정치'인데 (웃음) 사회적 합의를 잘 이루는 것은 정치인의 역할입니다.

첫째, 대기업과 중소기업이 상생할 수 있도록 제도적인 틀을 만들어주는 것이 필요합니다. 자발적으로 한다면 좋겠지만 자발적으로 하지 않기 때문에 최소한의 제도로 이익공유제를 만들어야 합니다. 이게 작동하려면 결국 대기업에도 인센티브를 제공함으로써 행동 변화를 이끌어내야 된다는 것이죠.

꼭 경제적인 인센티브일 필요는 없습니다. 대기업이든 중소기업이든 기업인들이 가장 불편하게 생각하는 것이 경영 자율성을 침해받고 있다는 겁니다. 자유로운 경영활동, 경제활동이 뭔가 국가의 제도나 법을 통해서 제약받고 있다고 생각을 많이 하거든요. 국가가 인허가 과정이나 조세 및 공정거래의 감독 과정에서 행사하는 집행력과 행정력에 대해서 불편하게 느끼고 있는 것인데, 풀어줄 수 있는 것들은 풀어주면서 자유로운 경영활동을 하게끔 해준다고 하면 그게 기업인들에게는 인센티브가 될 수 있어요. 예를 들어, 기업은 정기적인 세무조사를 받는데 중소기업과 상생 협력을 잘하는 기업은 세무조사를 면제해줄 수 있다고 봅니다. 공정거래 관련 조사도 특정 테마 전수조사를 하는데 이런 조사도 면제해줄 수 있죠. 물론 탈세 제보나 불공정 거래 신고 등이 있다면 그건 조사를 해야겠지요. 대기업에게는 세액 공제 감면 같은 경제적 인센티브보다 이런 비경제적인 인센티브를 제공하는 것이 더 매력적이라고 생각합니다.

둘째, 대기업과 중소기업이 서로의 지분을 보유하면 상호 주주로서 경영에 참여할 수 있고 함께 이익을 공유하는 방법도 있습니다. 구체적으로 이야기하면, 노동자들이 자기 회사의 주식을 보유하여 기업의 경영과 이익 분배에 참여하도록 하는 우리사주조합제도가 있습니다. 노동자가 자기 회사 주식을 구입하는 경우 세제상의 혜택을 주고, 구입 자금도 회사가 빌려줄 수 있게 하고, 회사가 신주를 발행하는 경우 저렴하게 인수할 수 있도록 하는 등 법적으로 우리사주조합을 지원하고 있습니다. 회사의 내부자인 노동자에게 이익을 공유하는 것을 독려하는 것이죠. 한편, 회사의 협력 업체들은 외부자이지만 생사를 같이 한다는 측면에서 '준내부자'라고 봅니다. 따라서 협력 업체에게도 우리사주조합 같은 지원을 통해서 협력 업체가 대기업의 지분을 보유할 수 있게 해주는 것이죠.

근본적으로는 기업지배구조 개선을 위한 〈상법〉과 공정한 시장 경쟁을 위한 〈공정거래법〉을 보완해야겠지요. 대기업에서도 이 경제 생태계가 지속 가능해야 된다는 것을 인식하고 있습니다. 결국 지속 가능한 기업을 만들기 위해서는 자신들의 생태계도 지속 가능해야 되고, 그렇다면 중소기업에서의 이익을 빼앗아서는 이 생태계가 유지되지 않는다는 것을 깨달아가고 있어요. 하지만 항상 단기적인 이익에 더 매몰되다 보니까 장기적인 안목을 가지고 당장 변화를 이끌어내지 못하는 측면이 있어요. 사회적으로 대기업의 갑질에 대해서는 비판을 해왔기 때문에 스스로 변화하려는 노력을 갖추고 있지만 여전히 그것을 가속화시키려면 제도적인 보완이 필요합니다.

새로운 국가의 역할: 사회 안전망, 기본소득, 건전 재정

주 위기를 극복하기 위해 한국 경제의 체질을 전환하는 것으로 다시, 새로운 경제민주화를 제시했습니다. 근본적인 변화이기 때문에 시간이 걸리는 일이라고 강조했지요. 그러나 그동안에 속수무책일 수는 없지요. 단기적인 대응도 필요합니다. 코로나19로 인한 감염 위기는 전 세계적으로 K-방역이라는 호평을 들을 정도로 정부 대응이 훌륭하다는 것이 중론입니다. 경제 위기에 대한 정부의 단기적 대응은 적절합니까, 어떻게 평가합니까?

채 K-방역은 국민의 안전을 최우선 가치로 지키면서 개방성과 민주성의 가치도 지켜냈습니다. 경제도 같은 가치를 가져가면 위기를 극복할 수 있다고 믿어요. 우리가 20여 년전 경험한 IMF 외환 위기는 아시아 특정 국가들이 겪은 국부적 위기이고, 10여 년 전 경험한 글로벌 금융 위기는 금융에 한정된 위기였습니다. 이번 코로나19 사태는 전 세계적으로 실물경제 자체가 무너지는 것이기에 훨씬 더 심각한 문제죠. 어떤 정부가 전 세계적 역병을 예측할 수 있었겠습니까. 당연히 전염병에 대한 준비는 없었고, 다른 나라도 마찬가지인 겁니다. 모든 세계가 코로나19 바이러스에 대항하는 것과 경제 위기에 대항하는 것에 우왕좌왕하고 있어요. 불확실성이 커져 있다는 겁니다. 결국 지금 감염병이 가져온 새로운 경제 위기는 누구도 경험해보지 않았고 예측할 수 없었기 때문에 모두가 준비를 시작하는 단계예요. 대응 과정 중에 1분기 경제지표에 대한 평가들이 곧 나올 겁니다. 하지만 1분기보다는 2, 3분기가 더 심각해질 것이기 때문에 그런 부정적인 결과물에 어떤 대응을 해야 하는 것인지 정부가 정책을 만들어야 하죠. 우리 정부는 기대보다 좀 약하게 준비하고 있다는 생각이 듭니다.

코로나19라는 바이러스 자체와의 대항은 잘하고 있어요. 2015년 메르스(MERS, 중동호흡기증후군) 사태의 경험(한국 186명 감염/38명 사망)으로 강력한 방역 체계와 의료 체계

시스템이 만들어졌다는 생각입니다. 그러나 경제 위기에의 대항은 경험이 없었기에 관성에 따른 보수적인 성향의 경제 대책들이 나오고 있어요. 유럽이나 미국은 선도적으로 재정을 더 강하게 쓰려고 노력하는 것과 달리 우리 정부는 너무 조심스러워 하고 있다는 생각입니다. 현상 진단과 미래 예측이 부족하기 때문이에요.

주 '당장은 국가가 돈을 적극적으로 써라'라고 주문하는 거네요. 전염병 대처에는 지난 경험으로 견고한 관리 시스템을 만들었는데, 경제 위기에의 대처에는 전방위적 사태가 처음이기에 신중하게 대처한다고 볼 수도 있지 않을까요?

채 2008년 금융 위기가 터졌을 때 미국은 강력한 양적 완화를 통해 재정이 역할을 해야 한다는 것을 배웠습니다. 2015년 그리스 국가 부도 때는 EU(유럽 연합)가 같은 경험을 했어요. 우리는 경험 부족으로 미흡한 대응을 하고 있습니다.

국가의 소득 수준이나 정부의 대응 능력에 따라 영향이나 파급이 달라질 겁니다. 앞으로가 더 중요합니다. 정부가 지난해 연말에 2020년 예산안을 논의하면서 재정의 과감한 역할을 강조하며 530조 원을 가져왔습니다. 오히려 야당에서 국가 부채가 커지고 미래 세대에 부담을 주기 때문에 재정 확대 규모를 줄여야 한다고 했고요.

코로나19 사태 이후로는 태도가 완전히 바뀌었습니다. 정부가 재정 건전성을 중시한다는 의견을 전제로 재정 확대에 소극적인 태도를 보이는 거죠. 오랜 관성을 깨지 못하는 겁니다. 특히 기획재정부(이하 '기재부')의 판단이라고 생각하는데요. 530조 원까지 늘리는 것에서의 재정 확대에 대해서는 우리가 최대한 감내할 수 있는 것이라고 생각하고 과감하게 이야기했지만, 그 틀을 넘어서는 수준의 상황이 발생했는데 기준을 깨지 못하는 거죠.

정부가 국가 재난 상황과 전 세계적 경제 위기에서 스스로의 역할에 대해서 정확하게 인지하지 못한 겁니다. 근본적으로 재정의 역할을 확대해서 경제 위기를 벗어나야 된다는 것에 동의한다면 원래 정부가 추진했던 정책과 연결할 수 있어요. 사회 안전망을 구축하고 확대해서 국민 삶에서의 위기를 최소화하는 선택입니다. 결국 국민의 삶에서의 타격이 최소화되어야 경제의 회복 탄력성이 높아지지요.

코로나19라는 위기가 터지지 않았어도 정부가 추구했던 길이고, 우리가 가야 할 방향입니다. 대한민국 국민은 위기로 좌절하지 않고 삶을 영위할 권리가 있다는 것을 정부가 사회 안전망의 확대로 보여줘야 한다는 것입니다. 회복 탄력성 높은 국민경제의 토대를 만드는 과정이 실직 문제, 의료 문제, 복지 문제의 사회 안전망입니다. 이 전제가 이루어지지 않는다면 국민들은 위기에서 위축될 때마다 사회적으로 소외되고 있다고 느끼고, 불공정한 사회로 인식할 거예요.

모든 후보가 경제민주화를 이야기한 2012년 이후 성장을 이야기하면 보수가 되고, 분배를 이야기하면 진보가 되는 프레임은 통하지 않아요. 성장과 분배는 항상 함께 갈 수밖에 없고, 균형 잡힌 성장과 분배에 대한 정책이 이루어지지 않으면 두 쪽 다 길을 잃을 수밖에 없다는 걸 알고 있기 때문입니다. 분배에 대한 사회 안전망을 전제로 하지 않으면 성장은 이룰 수 없다는 것을 잘 알고 있지요. 이제 새로운 경제민주화는 실천하는 용기를 포함하는 겁니다.

주 국가의 역할은 '비자발적인 전환의 시기에 처한 국민이 좌절하지 않고 삶을 영위할 수 있도록 사회 안전망을 만드는 것'이라고 새롭게 정의할 수 있겠네요. 긴급생계지원금이 해결 방안이 될 수 있을까요?

채 말 그대로 '긴급해진 생계를 지원하는 돈'입니다. 목마른 사람에게 물 한 모금 준 것뿐이죠. 국가가 위기 극복을 위해 돈을 더 풀어야 한다는 데는 적극 동의하지만 모든 국민에게 나눠줄 필요는 없다는 생각이었어요. 경제 위기의 타격을 빠르게 받는 국민을 대상으로 더 많은 지원을 해야 한다는 소신이었습니다. 긴급생계지원금으로 지속적으로 소비가 살아날 수는 없습니다. 좀 더 거시적이고 장기적인 국가 플랜이 마련되어야 합니다. 사회적 안전망을 확대해야지요. 대량 실업이 예상되는 상황에서 고용보험을 확대해야 하고요. 전 국민 고용보험 확대를 위해 신속하게 제도를 개선하고 계획을 짜야 합니다. 구조조정이 많이 일어날 것으로 예상해요. 은행이나 관 주도의 구조조정이 아닌 자본시장을 통한 구조조정 계획이 필요합니다. 무엇보다 경제민주화와 재벌개혁에 박차를 가해 공정한 경제 생태계를 만드는 일에 속도를 내야 해요.

주 앞서 산업의 변화와 함께 노동의 변화에 따른 국가 역할을 새롭게 정의했습니다. 방금 전 국민 고용보험 확대를 얘기했는데, 좀 더 구체적으로 이야기해보죠.

채 노동의 변화와 국가의 역할은 코로나19 이전과 이후가 달라질 것이기에 미래를 준비해야 한다는 차원에서 가장 중요한 이야기입니다. 제조업의 위기를 맞이하면서 우리는 일자리의 변화를 겪고 있습니다. 시작은 1998년 외환 위기부터였죠. 이전에는 평생직장이란 개념이 있었습니다. 즉, 정년이 보장된 정규직 일자리였죠. 하지만 한국 경제의 위기를 극복하기 위해서 정리 해고, 명예퇴직, 비정규직 같은 노동유연성제도를 도입하게 되었죠. 이후 20년이 지나고, 4차 산업혁명의 시대를 살고 있는 지금 우리에게 고용 형태의 변화는 더 다양해졌습니다. 고용주과 고용인의 관계가 아닌 사업자 대 사업자의 관계, 종일제가 아닌 시간제 근무, 한 사람이 여러 개의 일자리를 갖기도 하고, 근무 시간과 공간의 변화 등 다양한 고용 형태가 생기고 있죠. 또한 자영업자도 자기가 자기를 고용한 노동으로 봐야 합니다. 고용 형태가 기존 법의 틀에 담을 수 없을 정도로 넘치는 상황이에요. 법 제도의 틀을 넓혀서 포용해야 합니다.

그래야 일하는 사람인 노동자를 보호할 수 있습니다. 일하는 사람에 대한 보호는 기업 중심이 아니라 노동자 중심의 사회 안전망으로 전환되어야 해요. 정부와 국회에서 정책 경쟁을 해야 할 분야로 생각해요. 다음 대선에서 주요하게 다뤄질 주제죠.

여담으로, 세계경제의 변곡점에서 수많은 경제학자들과 미래학자들이 다양한 분야의 초예측들을 쏟아내고 있습니다. 그 예측들에 답을 하고 앞으로의 대한민국을 설계할 수 있는 리더가 대권 후보가 될 겁니다. 새로운 경제구조의 변화에 따른 사회 안전망을 만드는 것은 명확히 정부의 책임입니다. 정당의 역할이기도 하고요. 다양성의 집합체 혹은 플랫폼으로 정당이 역할을 해야 합니다.

주 노동의 변화에 따른 새로운 사회적 안전망을 만들고, 사회적 합의를 도출하는 것은 국가의 역할입니다. 그렇다면 해당국의 소득 수준, 정부의 대응 능력에 따라 불황의 여파를 회복하는 편차가 커지겠지요. 2020년 5월 문재인 대통령이 전 국민 고용보험제를 이야기했습니다. 그리고 하루 만에 국회 입법 절차가 시작됐어요. 고용보험에 예술인을 포함시킨 개정안과 저소득층의 취업을 지원하는 법안이 상임위 문턱을 넘었습니다. 방법이 될 수 있을까요?

채 대통령의 제안을 환영합니다. 신속한 입법 절차도 환영이고요. 다만 예술인의 고용보험 적용에서 나아가 보험설계사와 학습지 교사 같은 특수고용노동자, 배달 대행과 대리 운전 등 플랫폼 노동자 그리고 프리랜서까지 범위를 넓히지 못한 것은 매우 아쉽습니다. 고용보험은 가입자가 보험료를 납부하고 실업이라는 사고가 발생할 때 보험금을 받는 보험입니다. 적절한 보험 설계를 한다면 당장이라도 못 할 것이 없죠. 21대 국회에서는 반드시 입법이 되어야 해요.

우리 사회는 제조업에서 서비스업 기반으로 가고, 우리가 예상하지 못한 고용 형태가 확장됩니다. 지금의 플랫폼 노동에 대한 사회 안전망을 해결하지 못하고 있던 것은 과거의 노동 개념을 그대로 적용했기 때문이에요. 앞서 말씀드린 대로 노동의 개념이 이제는 과거 제조업의 정규직이 아닌 현재 서비스업의 비정규직 등 다양한 형태로 확장될 것이기 때문에 그 노동 형태를 다 포괄할 수 있는 개념으로 4대 보험(국민연금, 건강보험, 고용보험, 산재보험) 설계가 필요합니다.

더 이상 대법원의 판례에 근거한 노동의 관점으로는 미래를 준비할 수 없습니다. 이제는 과거의 질서를 유지하는 법이 아닌 미래를 준비하는 법이 필요합니다. 경제는 우리가 상상할 수 없는 새로운 산업이 계속 만들어지는 것으로 커지는 것이기 때문에 법 제도로 재단하면 안 되는 것이죠. 그래서 산업의 혁신이 가능하게 하려면 네거티브 규제 시스템을 적용해야 하고, '법으로 하지 말라는 것을 제외하고는 다 할 수 있게 하자'는 겁니다.

산업, 기업에 네거티브 규제 시스템을 적용하는 것처럼

사회복지도 같은 개념의 사회 안전망이 필요합니다. 미리 정해두지 말고 포괄적인 개념으로 개인에게 사회적 도움이 필요하다면 누구나 적용받을 수 있도록 하자는 거죠. 일명 '포괄적 사회 안전망'이죠.

주 행정 시스템의 과부하는 없을까요?

채 걱정하지 마세요. 오히려 선별 과정에서 발생하는 사전 비용이 없어지는 겁니다.

4대 보험은 그야말로 보험입니다. 내가 보험료를 내고 상황이 발생하면 보험금을 받는 것이죠. 그런데 지금 구조는 사람 중심이 아니라 요건 중심이에요. 누구나 들어오는 구조가 아니라 차별적 구조인 겁니다. 직장을 다니고 근로계약을 하면 강제 가입시키고 그 외에는 가입 불가능하게 한 것인데, 이 구조를 선택 가능한 강제 가입과 자율 가입 모두 가능하도록 전환해야죠. 예컨대 현행법에 따라 4대 보험에 가입하지 못한 플랫폼 노동자가 원하면 사회 안전망의 적용을 받을 수 있도록 노동의 개념을 폭넓게 인정해주는 겁니다. 비자발적인 전환의 시기에 사회 안전망도 네거티브 규제 시스템의 개념 적용을 받는 것이죠. 과거의 기준이 아니라 새로운 기준으로 모든 사회제도 시스템을 바꾸어나가야 미래를 준비할 수 있습니다.

주 관행에 따를 것이 아니라 새로운 사회 안전망을 마련할 때라는 지적이군요.

채 복지의 틀을 완전히 바꾸는 논의지요. 두 가지입니다. 하나는 노동의 개념을 바꾸는 것. 다른 하나는 노동자가 내는 보험료에 따라 보상을 받는 보험의 개념을 적용하는 것. 그 두 개념을 적용한다면 새로운 노동 형태의 보험료와 보험금이 개별적으로 책정될 수 있겠지요. 충분히 계산이 가능할 겁니다. 예를 들어, 저위험자는 보험료를 낮추고 고위험자는 보험료를 올려서 관리할 수도 있고요. 실업이 발생했을 경우 지급하는 보험금의 수준을 달리 할 수도 있습니다. 보험이라는 것이 통계학적으로 대수의 법칙에 따라 보험료와 보험금을 계산하여 설계하기 때문에 가능하다고 봅니다. 또는 실업의 위험에 따라 고용보험을 여러 개의 기금으로 운영할 수 있겠지요. 기존 정규직의 고용보험과 플랫폼 노동자의 고용보험을 달리 만들어서 운영하는 방법도 있겠습니다. 우리의 법과 제도가 훨씬 더 많이 상상하고 유연해져야 합니다.

주 먼 미래의 일로 생각했던 전 국민 기본소득 논의가 앞당겨졌습니다. 경기도에서는 긴급생계지원금을 '재난 기본소득'이라고 호명하기도 했어요. 기본소득 논의는 이미 코로나19 사태 이전에도 세계 곳곳에서 이루어지고 있었습니다. 실제로 핀란드, 네덜란드, 스위스 등 북유럽 국가에서는 이미 기본소득을 나눠주고 있거나 시험적으로 실행하고 있습니다. 연령, 성별, 재산의 규모와 관계없이 사회 구성원 모두에게 차별 없이 지급되는 기본소득이 실현된다면 국민들은 일정 수준의 삶을 국가로부터 보장받는 보편적 복지가 실현된다는 기대가 있습니다. 반면에 재원 마련의 문제와 더불어 근로 의욕을 저하시켜 국가 전체가 경기 침체에 빠질 수도 있다는 견해도 있어요. 우리나라 실정에서 일상의 권리로서의 기본소득을 어떻게 생각하나요?

채 대표적인 기본소득 사례를 들어볼게요. 북미 최대 석유 매장량을 가지고 있는 미국 알래스카주정부가 석유 자원의 이윤으로 알래스카영구기금을 만들어 모든 주민들에게 배당 형식으로 지급하고 있습니다. 핀란드는 기본소득이 급변하는 노동시장에 적응하는지에 대해 검증하기 위해 2017년부터 실험 수당 수급자(25~58세의 2천 명)에게 2년간 매월 560유로(약 70만 원) 수준의 부분 기본소득 실험을 진행하고 있어요. 네덜란드 위트레흐트주에서도 최소 6개월 동안 복지 수혜자 등 200명 이상의 자원자에게 2017년 5월부터 2년간 기본소득 실험을 시작했습니다. 캐나다 온타리오주도 기본소득이 빈곤층의 삶을 실질적으로 개선하는 효과가 있는지를 측정하기 2017년부터 주민 4천 명에게 3년간 매월 1320캐드(약 122만 원)를 지급하는 기본소득 실험을 시행하고 있어요. 스위스는 2016년에 18세 이상 모든 성인에게 매달 2500스위스프랑(약 300만 원), 어린이·청소년에게 650스위스프랑(약 78만 원)의 기본소득 지급에 대한 국민투표를 시행했으나 부결되었죠.

이렇듯 전 세계적으로 기본소득 실험이 이루어지고 있고, 도입되고 있습니다. 기본소득의 당위 또는 필요에 대한 사회적 공감대가 전 세계적으로 확장되고 있다고 해석할 수도 있겠지요. 그러나 알래스카처럼 비옥한 토지와 자연자원으로 뒷받침할 수 없다면 재정 문제에 부딪힐 수밖에 없습니다. 스위스 국민의 76.7%가 기본소득에 반대한 이유는 지금보다 세금을 최소 두 배 더 내야 한다는 데 있었죠.

실험 단계인 기본소득을 당장 우리나라가 도입하자는 것은 시기상조라고 봅니다. 시민운동을 하던 시절에는 보편적 복지를 큰 지향점이라 생각하고 계속 주장해왔습니다만, 국회에 와서 생각이 바뀌었습니다. 한정된 재정 내에서 우리가 더 취약한 부분에 더 지원하는 것이 필요하다고 생각해요. 막상 국회에 들어와서 실제 재정을 들여다보고 심사하는 과정에서 취약계층에 더 많은 지원을 해서 삶의 기본 권리를 끌어 올리는 게 아직도 필요하다는 확신이 들었습니다. 복지 수준이 높아졌다 하지만 아직 어려운 국민들이 많이 있고요. 특히 IMF 외환 위기 때 경제적인 양극화가 확산되면서 취약계층이 더 많아졌습니다.

기본소득이라는 제도는 복지 시스템 체계를 완전히 바꾸는 시도이기 때문에 그 재원을 마련하기 위해서 기존의 복지 시스템이 후퇴할 우려가 있습니다. 준비 기간이 충분해야겠죠. AI, 로봇이 우리의 노동력을 대체하고 그에 따른 부가가치만큼 세원을 마련했을 때 가능한 일로 생각해요. 또한 AI기술과 데이터를 이용해서 얻는 이익에 대해서 과세하는 방법을 고민해야 합니다. 데이터 배당처럼 정보 제공자나 소비자에게 주는 것이 아니라 공공의 이익으로 환원하도록 하는 방식으로요. 기본소득, 로봇세, 데이터세 같은 정책은 가까운 미래입니다. 지금부터 논의하고 실험해서 준비하는 것은 필요합니다.

미취업 청년들 대상으로 기본소득 실험을 해보고 싶어요. 청년들을 위한 이미 많은 재정사업들이 있는데, 이 사업들의 재정을 합쳐 미취업 청년 대상의 기본소득 실험을 한다면 유의미한 결과를 만들어낼 수 있다고 봅니다. 청년 등 어려운 세대를 대상으로 실험한 후 전체적으로 확장할 수 있으면 좋겠습니다. 예컨대 서울시의 청년 수당을 좀 더 과감하게 기본소득의 개념으로 끌어올려서 5년 정도 실험해볼 만하지요.

주 지금 정치권에서는 정부의 긴급재난지원금 마련을 위한 적자국채 발행에 대해서 재정 건전성을 위협한다며 우려를 표하는 쪽이 있고, 아직 채무비율이 OECD 국가 중 매우 낮은 상태이기 때문에 상대적으로 여유가 있다는 쪽이 있습니다. 이를 어떻게 봐야 하고 돌파구를 어디서 찾아야 할까요?

채 대한민국은 이미 고령화사회에 접어들었습니다. 경제구조에 있어서 대기업 낙수효과는 사라졌고 자영업을 비롯한 소상공인들의 소득 창출 기회도 줄었으며, 이는 고용 침체와 경제적 불평등 심화로 이어지고 있어요. 코로나19로 인

하여 더 심화될 것입니다

정부는 이를 해결하기 위해 과감한 재정 확대를 통한 복지 향상을 추진해야 합니다. 특히 경제적 불평등 완화와 국민 삶의 질 향상을 위해서 정부의 재정 확대는 불가피하고, 재정 확대 정책으로 인한 조세 부담 확대 또는 국가 채무 증가 또한 불가피하지요.

복지 수준은 높으면서 조세 부담과 국가 채무가 모두 낮을 수는 없습니다. 문제는 현 정부가 추진하는 재정 확대 정책은 국가 채무에 의존하고 있다는 점이에요. GDP 대비 40%에 육박한 국가 부채는 결국 미래 세대에 무거운 짐이 될 것입니다. 우리나라 채무비율 증가 속도가 빠르게 올라가고 있습니다. 지난해 3% 성장이라는 낙관적 전망을 갖고 국가 부채를 예상했던 때와, 지금은 상황이 많이 달라졌습니다. 국가 부채는 2017년 660조 원에서 2020년 805조 원로 예상되고 있습니다. 2023년도에 GDP 대비 국가 채무비율이 45%를 넘을 것으로 전망되는데, 경기 침체의 영향으로 재정 수지가 악화될 경우 국가 채무비율은 더 큰 폭으로 증가할 수 있습니다. 특히 경제성장율 전망치가 크게 하락하는 상황에서 GDP 성장 없이 국가 부채만 늘어나면, 국가 부채비율은 급증할 겁니다. 저성장 상황에서 적자국채를 발행하는 것은 미래 세대에 빚을 남기는 겁니다. 미래 세대에도 경제성장이 이루어지지 않으면 그리스처럼 국가 부도를 맞이할 수 있어요.

국가의 재정 건전성을 지키고, 복지 재원을 현 세대와

미래 세대가 공정하게 부담할 수 있도록 재정개혁이 절실합니다. 재정개혁을 하기 위해서는 기존의 예산 사업을 원점에서 재검토해야 하지요. 조직의 습성상 어떤 업무가 생기면 그 업무를 하기 위한 사람과 예산이 투입되는데, 정부 조직에서는 한 번 생긴 예산 사업은 조직 논리에 따라 사라지지 않습니다. 따라서 예산 평가는 원점 재검토를 원칙으로 해야 합니다.

다른 부처에서 유사 사업을 하는 중복 예산, 정책 목적이 달성되었는데도 유지되는 조직의 예산, 구체적인 성과 평가 없이 관행적으로 진행하는 계속 사업, 집행률이 미진하여 예산 불용이 불 보듯 뻔한데도 삭감 없이 책정되는 사업, 정책의 목적 달성에 더 좋은 수단이 있음에도 대안의 고려 없이 이루어지는 사업 그리고 정부가 예산을 불법적으로 이·전용하여 추진한 〈국가재정법〉 위반 사업 등을 정리해 불요불급한 사업을 줄여 예산 낭비를 막고 효율성을 높이는 것이 바로 재정개혁입니다.

재정개혁의 핵심은 지출구조조정입니다. 지출구조조정이란 중복 사업, 저성과 사업 등 낭비성 예산 등을 삭감하고 폐지해 예산을 절감하는 것인데요. 문재인 정권은 출범하면서 국정 과제 소요 재원 중 60조 원을 재정개혁 및 지출구조조정으로 조달하겠다는 계획을 밝혔고, 이를 위해 2018년 예산에서 10.4조 원, 2019년 예산에서 12.4조 원의 지출구조조정을 추진했습니다. 2018년 예결위 위원으로 활동하면서 지출구조조정 사업에 대한 분석을 해봤습니다. 정부가 지출구조조정 사업에서 삭감하겠다는 예산 10.4조 원 중에서 정부가 5.4조 원에 해당하는 265개 사업 목록만 제출할 수 있을 정도로 관리조차 되고 있지 않았어요. 뿐만 아니라 정부가 제출한 265개 사업 중 114개 사업은 다음 해 예산이 전년보다 증액 편성하는 등 눈속임용 지출구조조정도 있었습니다. 예산 사업을 원점 재검토하여 사업을 폐지한 것이 아니라 지출을 다음 해로 미뤘던 것이지요.

기존 재정구조로는 코로나19 경제 위기, 더 나아가 저출산·고령화사회의 도래와 이에 따른 세수 감소로 인한 막대한 재정 지출을 견뎌낼 수 없습니다. 지난 4년 동안 의정활동을 하면서 한국 경제의 위기 상황 속에서 국가 재정의 건전성을 회복하고 나아가 장기적인 재정개혁의 첫걸음으로 '조세재정개혁 여야협의체 구성(안)'을 국회에 제안하기도 했지만, 제대로 이루어지지 않아 아쉽고 안타깝습니다. 국민들이 납득할만한 지출구조조정 없이는 증세 얘기를 꺼낼 수 없습니다. 올해 기재부가 전면적인 지출구조조정을 위한 재정 사업 검토를 약속했는데, 제발 꼭 좀 하길 바랄 뿐입니다.

주 지출구조조정만으로 재원이 충분할까요? 결국은 증세가 필요하지 않을까요?

채 위기 대응을 위해서 증세는 필요합니다. 정부가 큰 책임을,

큰 용기를 가지고 추진해야 할 어려운 숙제입니다. 지금까지 문재인 정권이 세 번의 예산안을 짜면서 증세 없이 가능한 수준까지만 추진했고, 저는 그 결정이 비겁하다고까지 비판했어요. 소득 주도 성장, 문재인 케어 등 복지 확대를 추진했지만 정부는 핀셋 증세라며 초고소득 기업과 개인을 대상으로 법인세와 소득세를 인상했으며, 부동산 투기를 잡겠다면서 뒤늦게 종부세를 올렸으나 이 역시 핀셋 증세를 했을 뿐입니다. 그러다 보니 국가 부채만 늘고 있어요. 이제는 증세에 대한 해법을 내놓지 않으면 결국 미래에 모든 것을 떠넘기는 상황까지 온 겁니다. 지금 대기업도 어렵기는 하지만 결국은 현재 수준에서 증세의 여력을 그나마 가지고 있는 대기업이나 고소득자들에 대해서도 더 많은 과세를 이끌어낼 수밖에 없고요.

그리고 증세의 또 다른 방안은 새로운 세제인데요. 그 새로운 세제라는 게 기본소득과 항상 같이 나오는 로봇세나 데이터 이용에 대한 데이터세 등입니다. 지금부터 충분히 검토를 해야 하는 것이지요.

대선 전에 증세에 대한 논의를 꺼내야 합니다. 그리고 평가받는 것이지요. 그런 용기를 냈을 때 대선 이후에 정책이 추진됩니다. 대선 전에는 표를 의식해 아무 말도 안 하고 있다가 대선 후에 이슈를 꺼낸다면 또 현실적인 문제를 물러설 수밖에 없어요. 21대 총선으로 민주당은 정당 역사상 가장 큰 힘을 가졌습니다. 민주당이 진보 진영의 정치 세력으로 진보를 지지하는 국민들의 대의 정당으로서 역할을 해주길 당부합니다.

주 새로운 불평등이 발생하기도 합니다. 예를 들어, 온라인 교육에 참여하지 못하는 학생들이 있어요.

채 불평등의 문제는 교육뿐 아니라 일자리에서도 크게 나타날 겁니다. 이런 경기 침체와 저성장 국면이 심각하게 장기화되면 결국 우리 사회는 일자리를 많이 잃을 것이고, 일자리를 잃었을 때 사회 안전망이 얼마나 보호를 할 수 있느냐가 사회의 지속 가능성을 담보하겠지요.

초연결사회의 네트워크가 이전의 사회가 가진 양극화의 문제를 반영하는 구조여서는 안 되겠죠. 연결에서 소외되는 국민이 없도록 하는 일이 단순하게 재화를 보완하는 것으로 가능한지, 아니면 다른 인적 서비스 등이 제공되어야 하는지 판단이 필요합니다. 이 또한 정부의 역할이죠.

예를 들어, 컴퓨터가 필요한 학생에게 지원을 하는 것 그리고 컴퓨터는 있지만 장애가 있어 원격 수업을 제대로 소화할 수 없는 학생에게 인적 서비스를 지원하는 것 등 맞춤형 공공 서비스가 디자인되어야 해요. 실제로 이번 정부에서 코로나19 사태를 겪으며 학생들에게 노트북이나 패드를 지원해주고 인터넷 요금을 지원한 것은 매우 잘한 일이라 생각합니다. 교육부가 시도 교육청과 협력해 저소득층 학생들에게 스마트 기기 약 23만 대를 확보해 무상 대여했습니다. 하지만 그런 지원을 받지 못한 일부 학생들이 있다는 게 아직까지의 과제인 셈이죠.

또한 저학년 자녀를 둔 맞벌이 부부에게 온라인 개학 사건은 최악의 상황입니다. 재택근무를 하지 않는 맞벌이 부부가 아이들을 갑작스레 돌보아야 하는 일이 생겼기 때문이지요.

지금과는 좀 더 진화하고 차별화된 시스템이 필요해요. 초연결사회의 불평등을 해소하는 관건은 비대면 네트워크를 상황별로 다시 일대일로 매칭할 수 있는 정부의 촘촘한 사회 안전망 설계에 달려 있습니다.

주 사회 안전망 이외의 다른 준비도 필요하겠습니다. 정부가 국민의 삶의 영역에서 어떤 위험을 더 많이 예측하고 챙겨야 할까요?

채 예상대로 코로나19 사태로 인해 자영업자 그리고 그곳에서 일하고 있는 임시 일용직들의 일자리가 줄어들고 있습니다. 시작에 불과하지요. 코로나19 사태가 장기화된다면 일용직뿐만 아니라 기업의 비정규직 해고부터 시작될 것입니다. 실제로 코로나19 사태의 직격탄을 맞은 국내 1위 여행업체인 하나투어의 경우 필수 인원을 제외한 전 직원을 대상으로 6~8월 동안 무급 휴직을 예정합니다. 회사 측은 자구책을 찾겠다 하고, 정부도 지원 방안을 강구하겠다고 했지만 이미 호텔, 운송, 면세점 등에 투자한 것들도 엄청난 손해를 입어서 무급 휴직이 끝나는 8월 대대적인 구조 조정이 이뤄질 것이라고 보고 있지요. 최근 고용노동부가 발표한 '3월 사업체 노동력 조사 결과'만 봐도 상용 노동자는 전년보다 8000명 줄어드는 데 그쳤으나 계약 기간이 1년 미만인 임시·일용직은 12만 4000명이나 감소한 것으로 확인되고 있다는 점에서 양극화 심화의 전초가 보입니다. 이에 대한 대응으로 신속한 사회 안전망 강화를 앞에서 말씀드렸습니다.

그리고 부채(가계 부채+자영업자 부채)가 우리 경제의 부실 뇌관이 될 가능성이 있습니다. 박근혜 정권에 이은 문재인 정권에서도 지속적으로 가계 부채가 증가했어요. 2013년 가계 부채 1000조 원에서 지난해 말에는 1600조 원을 돌파했습니다. 6년 동안 가계 부채만 600조 원이 늘었는데, 코로나19로 인한 실직 사태 등으로 가계의 소득 대비 부채 비율은 더욱 높아지겠지요. 뿐만 아니라 자영업자의 부채 관리도 시급합니다. 금융 당국이 부동산시장 안정을 위해서 가계 부채 총량을 관리하자 금융회사와 대출자가 개인사업자(자영업자) 대출로 우회해왔습니다. 이로 인해 개인사업자 대출도 약 440조 원에 달합니다. 개인사업자 대출은 자영업 기반이 악화하는 상황이어서 부실화될 가능성이 높고, 이는 전반적인 가계 대출의 위험을 높일 것입니다. 이에 대한 대응으로 금융 당국은 면밀히 상황을 파악하고 있어야 합니다. 은행 등 금융기관이 무너지면 국가경제에 큰 타격을 주므로 최악의 상황을 가정하는 스트레스 테스트를 실시하고, 문제 발생이 예상되는 은행의 경우는 자본 확충 등 미리 대비해야 합니다.

마지막으로, 부동산 하락에 따른 대비도 필요합니다. 문재인 정권에서 부동산 투기를 막기 위한 수많은 대책을 내놓았음에도 부동산이 폭등했습니다. 부동산 말고는 돈 벌 곳이 없다는 인식이 확산되면서 전세를 끼고 적은 초기 투자금으로 집을 산 뒤 집값이 오르면 집을 팔아 시세 차익을 얻는 '갭 투자'가 유행처럼 번져 우리는 부동산 광풍 시대에 살고 있었습니다. 실제로 지난해 투기과열지구 내 3억 원 이상 아파트 매수자 가운데 30대가 28.4%로 40대 30.8%에 이어 두 번째로 많았는데, 이 경우 자기 돈이 아닌 전세와 대출을 이용한 매수라면 실거주 목적이 아닌 전세 임대 목적으로 향후 가격 상승을 노린 갭 투자로 볼 수 있지요. 문제는 주택 담보 대출을 비롯해 신용 대출 등 가용한 방법을 모두 동원한 소위 '영끌 대출(영혼까지 끌어다 대출을 받는다)'을 통해서 무리한 주택 구매에 나서고 있는 것으로 추정된다는 것입니다. 이에 코로나19 이후 경기 불황으로 인한 부동산시장 침체로 부동산이 하락한다면 하우스 푸어가 속출할 거예요. 물론 강남 집값을 필두로 부동산이 안정화되는 것은 환영할 일이지만, 그 이상 경기 하향을 부를 만큼 집값이 폭락한다면 반드시 하우스푸어 대책이 필요할 겁니다. 부동산 투기가 옳다는 것은 절대 아닙니다. 이에 대한 대응으로 투기는 막되 실수요 거래는 활성화시키기 위한 방안이 필요합니다. 아주 고전적인 부동산정책의 원칙입니다. 하지만 제대로 실행되지 않았죠. 투기를 막기 위해서 보유세를 강화하고, 실수요 거래 활성화를 위해서 거래세를 인하하고 대출 규제를 완화해야 합니다. 그리고 부동산으로 몰리는 시중 자금을 자본시장으로 돌리는 금융정책까지 삼박자가 맞아야 합니다.

새로운 경제의 경쟁력: 기업구조조정, 자영업구조조정

주 코로나19로 매출 급감 등 고통을 받고 있는 소상공인과 자영업자뿐 아니라 대기업에도 정부는 대규모 재정을 투입하기로 했습니다.

채 당장 대한항공 같은 항공업체들도 문을 닫아야 될 상황까지 갈 만큼 경영 환경이 좋지 않다고 해서, 정부가 코로나19 직격탄을 맞은 항공업계를 위해 대한항공에 1조 2000억 원, 아시아나항공에 1조 7000억 원을 각각 지원했습니다. 하지만 나아질 조짐은 아직 보이지 않습니다.

대기업에 대해서는 지원 원칙이 있어야 합니다. 이 상황을 스스로 해결하지 못한 경영에 대한 책임은 져야지요. 경영진은 결국 재벌 총수인데, 코로나19 위기가 재무적 위기로 옮겨왔고 재무적 위기에 대한 1차적 책임은 대기업 경영진이 져야 한다는 원칙 말입니다. 1차적 책임 없는 상태에서 국민의 세금인 재정이 투입되는 것은 공정하지 않아요.

경제 위기를 시장에서 모두 감당할 수 없기에 정부의 개입이 필요합니다. 그렇다고 완전히 정부 개입으로만 해결할 수도 없기 때문에 시장의 기능을 유지하는 방법을 써야 하지요. 경영진의 1차적인 책임이 시장 기능을 담보하는 것이고, 그 담보로 정부의 지원이 들어가야 하고요. 정부와 기업 간 고용 유지의 조건과, 위기 극복 이후의 정부 지원에 대한 회수와, 이익 공유에 대한 조율을 해야 합니다.

구체적으로 이야기하면, 정부는 기업의 지원을 이율이 낮은 전환사채 형태로 하죠. 대신에 기업이 정상화되면 주식으로 전환해서 회수할 수 있습니다. 그런데 주식으로 전환할 때 주식의 전환가액을 얼마로 해야 하느냐가 논란이 있어요. 예를 들어 지금은 1만 원짜리 주식이었는데, 코로나19 경제 위기로 5000원이 됐다면 말입니다. 나중에 다시 1만 원이 되었을 때 이때 돈을 넣어준 정부의 주식은 5000원의 이익을 남겨야 되는 것인지, 아니면 1만 원으로 전환해서 회수하면 되는 것인지, 누가 이익을 갖느냐의 관점입니다. 지금 5000원으로 행사 가격을 가져간다면 정상화된 후 정부가 많은 이익을 얻겠죠. 이익이 정부로 돌아오는 것은 국민에게 돌아오는 것이기 때문에 저는 그쪽이 옳다고 봅니다. 그런데 정부는 1만 원으로 전환하고 이익을 안 보겠다는 태도를 갖고 있습니다. 기존의 경영진들의 이익을 최대한 보호해주겠다는 거죠. 이는 기존 경영진의 1차 책임을 묻지 않겠다는 태도입니다. 동의할 수 없어요.

정부가 대기업을 지원할 때 시장 기능을 훼손하지 않는다는 원칙을 가져야 합니다. 전환사채로 지원할 때 위기가 정상화됐을 경우 이득을 최대한 가져오는 것이 공정한 경제 생태계를 만드는 일이에요. 코로나19 경제 위기 상황을 극복하기 위한 기업 지원도 최대한 공정하게 해야 합니다. 기존의 경영진, 기득권이 이익을 독식하지 않도록 이 위기를 같이 부담한 정부가, 국민이 이익을 공유할 수 있게 해줘야 한다는 뜻이지요. 이렇게 공정한 경제구조를 만들어 둘 때 또 다시 위기가 찾아와도 회복 탄력성이 높아집니다.

주 기업의 회복 탄력성을 높이는 것이 관건이겠습니다. 기업의 경쟁력을 살리는 물꼬를 트기 위해서는 또 어떤 노력이 필요합니까?

채 코로나19의 여파는 많은 기업에게 재무적 곤경을 안기고, 파산의 위험으로 몰아갈 겁니다. 가능성 있는 기업들을 살려낼 기업구조조정이 필요해요.

구조조정의 정의부터 새롭게 해야겠습니다. 흔히 구조조정이라 하면 노동자의 일자리를 정리하는 것만으로 생각해요. 제가 정의하는 구조조정은 큰 틀에서 개별 기업의 구조조정을 통해 산업구조를 개편한다는 뜻입니다.

기업에 경영 위기가 오면 재무적 곤경에 처하고 이때 필요한 것은 새로운 돈입니다. 기존 대출의 상환 유예나 신규 자금 투입이 필요한 기업구조조정 과정은 재무적 곤경 정도에 따라 은행과 기업 간 자율 협약이나 〈기촉법〉상 워크아웃 절차를 밟을 수 있고, 더 심각한 상황이면 법원의 법정 관리 절차로 갈 수도 있습니다. 코로나19 이후 구조조정이 필요한 기업들이 쏟아져 나올 가능성이 매우 높죠. 각 단계에서 은행 등이 선제적 구조조정을 해주는 것이 기업의 생사에 큰 영향을 미칩니다. 미리 재무구조를 개선하기 위한 노력을 할 수 있으니까요. 선제적으로 하지 못하면 강제적으로 할 수 없는 상황들이 옵니다.

최후의 수단인 법정 관리가 자본시장 중심으로 이루어질 수 있도록 〈채무자회생법〉을 개정했다는 말씀을 앞에서 드린 바 있습니다. 제도적 보완을 했으니, 지금은 망할 가능성이 있는 회사를 살릴 자본시장 내 플레이어로서 모험자본의 역할이 필요해요. 법정 관리 들어간 기업 중에 경쟁력이 있어서 신규 자금을 넣으면 살릴 수 있는 곳들을 추려내고 투자하고 관리하는 안목 있는 플레이어 말입니다. 시간과 노력을 투자해서 정상화시킬 수 있도록 말이지요. 이런 플레이어들을 키우는 일은 정부가 할 수 있습니다.

앞서 부울경 지역의 UAMCO 예를 들었는데요. 유암코는 우리나라 시중은행들이 출자해서 만든 회사로 크게 두 가지 일을 합니다. 하나는, 무수익 채권Non Profit Loan 사업을 합니다. 은행이 대출을 했는데 기업이 망해서 대출금을 회수할 수 없게 됐을 때 발생한 무수익 채권을 인수하고 추심, 회수하는 작업입니다. 예를 들어 망한 회사의 100원짜리 대출 채권이 있는데, 저렴하게 50원에 사와서 담보 매각 등으로 60원을 회수하면 10원의 이익을 얻게 되는 거죠. 또 하나는, 기업구조조정 업무를 합니다. 부실 채권을 사서 회수하는 최종적인 파산 단계의 관리뿐 아니라 정상화시

키는 구조조정 단계 사업도 하게 된 거죠. 성과를 내고 있
는 유일한 자본시장 플레이어가 된 겁니다. 지난 5년간 자
리를 잘 잡아가고 있었고 이 역할 강화를 위해 〈채무자회
생법〉을 개정했는데, 최근에 위험관리를 위해 기업구조조
정 업무에 소극적입니다. 얼마나 좋은 구조조정을 할 수 있
느냐가 코로나19 위기를 극복하는 큰 대응책이 될 것인데
말이죠.

주 유일한 선수가 소극적이면 위기에서 약한 축이 무너질 텐데요.
양질의 기업을 살려서 공정한 경제 생태계의 균형을 맞추기 위
해 적극적인 역할을 하게 만들어야 하지 않을까요?

채 은행들의 자회사이니 은행과 금융 당국이 이런 내용을 알
고 대안을 마련해야 한다고 생각합니다. 구조조정에서 유
일한 선수가 유암코인데, 유암코의 2개 사업인 부실 채권
과 구조조정은 리스크 관리가 다른 사업입니다. 부실 채권
사업은 쉽게 회수가 가능한 반면, 구조조정 사업은 장기적
인 노력이 드는 사업으로 성과가 늦게 나옵니다. 성격이 다
른 사업을 하나의 조직에서 진행해 문제가 되고 있지요. 유
암코를 분할해 두 개의 사업을 완전히 분리하는 것도 방법
입니다. 특히 국가가 구조조정을 위해 마련한 자금이 산업
은행과 한국자산관리공사에 있어요. 이 두 곳에서 구조조
정 사업에 집중한 새로운 회사를 만들어 그곳에 자금을 출
자해 보다 적극적으로 구조조정 문제를 해결하게 역할을

맡길 수 있겠지요. 과연 어떻게 될지 지켜봐야 하겠습니다.

주 기업의 경쟁력을 살리기 위해 기업지배구조를 개선해왔습니다. 지난 4년간 의정활동의 목표가 그랬고, 20여 년간 집중한 일 아닙니까? 지금의 위기 상황에서도 계속 추구해야 하는 목표이겠죠?

채 기업지배구조를 바꾼다는 것은 기업 내의 위기 대응 능력을 높이는 것과 똑같습니다. 항상 기업은 공정한 경쟁 속에서 계속 경쟁을 극복하고 이겨내서 성장하고 이윤을 추구하는 것이기 때문에 경쟁이라는 것 자체가 기업한테는 위기이거든요.

좋은 기업지배구조가 만들어진다면 권한과 책임이 균형 있게 잘 작동되고 내부의 경쟁 시스템이 실행되면 보다 경쟁력 있는 사람들이 일을 할 수 있는 구조가 된다는 뜻입니다. 경쟁력 있는 사람들이란 재벌 총수 같은 세습 받은 사람들이 아니라 시장에서 능력을 검증받은 경영진들이지요. 기업의 최종 의사결정 수준이 높아지면 당연히 기업의 위기 대응 능력은 높아질 수밖에 없습니다.

어쩌면 이 코로나19 위기로 기업의 위기 대응 능력이 평가받게 된 거죠. 능력이 없는 기업은 결국 능력이 없는 경영자를 갖고 있다는 것이니, 경영진들이 시장에서 퇴출되는 기회가 되기도 할 겁니다. 자발적으로 변화하지 못한 기업은 비자발적으로 전환할 수밖에 없는 것이지요.

주 공정한 경제 생태계를 만드는 일은 이제 생존을 위한 일이 됐습니다.

채 공정한 경제 생태계가 위기 전에 좀 더 만들어졌다면, 대-중소기업 간의 상생 협력이 더 이루어졌다면 우리의 경제적 충격은 그만큼 덜했을 거예요. 지금까지 대기업과 중소기업 간의 불공정거래로 중소기업들이 경쟁력을 잃고 허약해졌기 때문에 위기에 대한 충격은 더 큰 겁니다.

주 대-중소기업도 다 어려운 상태인데, 타격을 가장 크게 받은 쪽은 자영업입니다. 어떻게 생존해야 할까요?

채 긴급하게는 재정 지원이지만, 본질적으로는 경쟁력을 키워야 합니다. 경쟁력을 키우는 방법 중에 최선이 상권 분석 시스템이라고 생각합니다. 자영업을 새롭게 하려고 하거나 이미 하고 있는데 업종을 전환하려고 할 때, 상권을 제대로 분석해서 경쟁력 있는 업종을 선택하도록 하자는 겁니다. 예를 들어, 종각 역 주변에서 식당을 하려고 한다면 그 동네에 요일별, 시간별, 연령대별, 성별 유동인구 같은 데이터와, 기존 식당들의 세부 업종별(삼겹살구이, 부대찌개, 파스타 등) 매출액 수준 등을 파악하여 과잉 경쟁 업종은 피하고 경쟁력 있는 업종을 선택할 수 있도록 정보를 제공하는 겁니다.
　현재 소상공인진흥공단이 상권 분석 시스템을 운영하고 있는데, 중요 정보들을 수집하고 활용할 수 없다 보니 별로 도움이 안 됩니다. 결국 빅데이터를 활용해야 합니다. 통신 정보·교통카드 정보·카드 매출 정보 등만 활용해도 충분히 알 수 있어요. 가장 중요한 게 세부 업종별 매출 정보일 것 같아서 신용카드회사와 협업을 이끌어내려고 소상공인진흥공단·중소기업부·금융위·여신금융협회를 불러서 논의했는데, 잘 안 되었습니다.

주 왜죠? 개인 정보 침해 등의 문제일까요?

채 개인 정보 문제는 아니었어요. 여신금융협회가 신용카드회사로부터 매출 정보를 모아 통합해야 하는데, 그것을 하려면 시스템 투자가 필요하답니다. 인력과 예산이 투자되어야 하고, 투자하면 수익을 내야 하는데 수익성이 별로 없다는 거죠. 정부가 적극적으로 예산을 써서 할만한 사업이라 생각이 들었습니다. 누군가 총대 메고 나서줄 공무원이 필요한데, 여러 부처와 기관이 협력해야 하다 보니 서로 나서지 않았습니다.

자영업자 대책으로 임대료 깎아주는 것은 임시방편입니다. 근본적인 경쟁력을 갖춰야 해요. 자영업구조조정이 필요한 거죠. 산업구조조정을 위해서는 경쟁력을 갖추는 방법을 찾아줘야 합니다.

경제개혁을 위해
정치가
해야 할 일들

기울어진 권력구조의
균형 맞추기

주 코로나19 사태가 끝나지 않은 위기의 상황에서 21대 국회가 시작됩니다. 21대 국회에 다시 <선거법> 개정을 해야 한다는 목소리가 높아요. 일각에서는 이번이야말로 개헌을 할 수 있는 기회라 했습니다. 21대 국회의 막중한 임무는 위기 극복일 것이고요. <선거법> 개정과 개헌, 필요합니까?

채 예측 불허의 어떤 위기가 와도 권한과 책임이 나누어진 균형 있는 정치구조가 대응 능력이 훨씬 빠르고 안정적일 겁니다.

　　연동형 비례대표제는 민심 그대로의 국회를 만들자는

취지예요. 국회가 국민의 의사를 보다 잘 반영하는 구조로 만들자는 것입니다. 연동형 비례대표제를 통해 국민의 뜻이 반영된 의회구조는 다당제의 모습일 테니까요. 다당제가 실현되면 거대 양당에 의해 모든 게 결정되는 정치가 아니라 다당이 합의를 통해 문제를 해결하는 합의제 민주주의가 가능해집니다. 합의제 민주주의가 가능해지면 자연스럽게 어느 한쪽의 이념으로 치우친 정책이 아니라 중도로 수렴하는 정책들이 결국 선택될 수밖에 없고, 제가 추구하는 중도정당이 역할을 하는 것이지요. 권한과 책임이 균등하게 조율되는 공정한 정치 생태계가 만들지는 겁니다.

개헌 논의 역시 권한과 책임의 균등한 분배를 위한 일입니다. 대통령의 권한이 너무 강한 현재의 권력구조 때문에 결국 많은 대통령이 임기 후 비극을 초래합니다. 제왕적 권한을 행사하다 보니 전횡이 나타나고 사후적으로 불법적인 요소들이 나타나요. 전횡을 막기 위해서는 권한을 재분배해야 합니다. 대통령의 권한을 국회의 권한과 나눠 가지는 거죠. 기울어진 권력구조는 균형을 맞추면서 공정한 경제가 가능해집니다. 국회에서 이원집정부제의 형태로 총리를 뽑고, 총리가 내치를 하는 책임자가 되고, 대통령은 외교와 통일·안보 중심의 외치를 담당한다면 어떨까요, 권한과 책임을 분배해서 전횡을 막고 정치의 견제와 균형이 이루어지게 하는 것이 개헌의 목표입니다.

주 민주당은 국가 재난 상황에 치러진 선거에서 압도적인 의석을

차지했습니다. 민주당으로 기울어진 운동장입니다. 민주주의에
따른 견제와 균형은 어떻게 찾아갈 수 있을까요?

채 21대 국회는 국민들의 절대적인 지지는 아니지만 절대적인
의석수를 차지한 민주당의 전략적 선택에 의해서 좌우될
수밖에 없습니다.

첫 번째 전략은 민주당이 수적인 우세를 등에 업고 그
힘으로 국회를 운영하겠다고 하면 수많은 개혁 과제를 대
선 전까지 이뤄낼 수 있어요. 그 성과로 정권 재창출이 가
능할 겁니다. 코로나19 이후 새로운 정치는 국민이 바라는
개혁이라는 의지를 갖고 힘을 쓴다면 재벌개혁을 위한 〈상
법〉 개정을 추진할 수 있고 검찰개혁도 가능합니다. 그러
나 그렇게 한다면 국회는 난장판이 되겠죠. 보수 진영인 통
합당을 완전히 배제한 채 나머지 세력들의 규합으로 국회
를 일방적으로 운영하는 것이니까요.

또 하나의 선택은 최근에 민주당이 밝힌 총선 소회처럼
겸손한 성찰에 따른 국회 운영의 안입니다. 열린우리당의
과오를 반복해서는 안 된다는 이야기를 했어요. 그 전략이
채택된다면, 저는 민주당이 〈선거법〉 개정과 개헌 드라이
브를 걸어야 한다고 확신합니다.

〈선거법〉 개정은 통합당이 일방적으로 자신들에게 불
리하다고 주장하면서 받아들이지 않았어요. 그런데 지금
결과물을 보면 완전한 연동형 비례대표제가 되었다면 민
주당이 180석을 가질 수가 없었습니다. 즉 연동형 비례대

표제라는 것은 특정한 누구에게 유·불리하지 않은 공정한 제도인 거예요, 통합당이 오판한 거죠. 이번 선거의 승자인 민주당이 온전한 연동형 비례대표제를 제안한다면 통합당은 수용해야 합니다. 승자가 독식하지 않고 치우친 국회를 균형 있게 만들어갈 수 있도록 공정한 선거제도를 만들어가는 길을 제안했을 때 통합당이 어깨를 나란히 하지 않기는 어려울 거예요.

개헌은 제왕적 대통령제에 힘을 빼는 겁니다. 지난 번 지방선거 때 대통령이 개헌안을 제시했는데, 대통령의 권한 분배가 아니라 4년 중임제 안이었어요. 국회에서 수용하지 않아 폐기됐습니다. 20대 국회 들어서면서부터 개헌특위에서 이원집정부제 같은 대통령의 권한을 분산시키는 논의를 많이 해왔어요. 21대 국회에서 민주당을 주축으로 그 안을 수용해 개헌안을 만들고 제안한다면 통합당은 반대할 이유가 없습니다. 개헌은 의회 권력과 대통령의 권력을 공정하게 나누자는 것이에요.

마지막으로 민주당은 협치 내각을 제안하는 것이 미래를 여는 일이라고 생각합니다. 협치 내각에 통합당도 포함시킨다면 〈선거법〉 개정과 개헌까지도 협조를 끌어낼 수 있어요. 협치 내각은 전적으로 민주당과 청와대의 결정 사항이므로 의지만 있으면 가능한 일입니다. 만일 통합당이 협치 내각 제안을 받지 않는다면 그 당은 더욱 더 고립될 수밖에 없을 겁니다. 이런 점을 안다면 민주당은 추진 못할 이유가 없습니다.

민주당은 두 가지 다 선택 가능해요. 힘으로 밀어붙여서 국회를 내전 상태로 이끌고 개혁의 성과로 집권을 연장하는 것과, 통합당이 받아들일 수 있는 정치개혁 과제들을 성사시켜 집권에 성공하는 것. 저는 후자를 기대하고 있습니다. 정세균 총리가 협치 내각을 약속했고, 민주당 내부에서도 성찰과 절제의 목소리가 높아요.

두 손뼉이 맞아야 소리가 난다고 통합당이 민주당의 이런 노력이 있을 때 걷어차면 안 됩니다. 통합당이 기득권 지키기만 하는 수구 세력이 아닌 개혁적인 보수 세력으로 전환하기를 기대합니다.

주 2017년 대선의 시대 정신이 통합의 정치를 해달라는 것이었습니다. 민주당이 대승적으로 결단을 해서 본인들의 것을 내려놓고 나누고 통합을 이룰 수 있을까요?

채 저는 선거 결과를 150:150 정도로 예측했어요. 중도가 사라지면서 양 극단의 대립이 심해지고 그 극단을 지지하는 국민들이 참여하는 투표가 치러지면서 투표율은 낮고 팽팽한 대립 구도가 만들어질 거라고 말입니다. 그렇게 계속 내전 상태의 국회를 예상했는데, 우리나라 국민은 대단한 유권자예요. 코로나19 사태임에도 불구하고 역대 가장 높은 투표율을 기록했습니다. 무당층은 투표하지 않을 거라 생각했는데 민주당에게 힘을 실어준 거예요.

이런 국민의 수준에 부합하려면 민주당은 통합의 길을

선택해야 합니다. 통합당은 민주당이 손을 내밀었을 때 잡지 않으면 지금보다 더 큰 몰락을 맞을 거고요.

다당제와 공정 경제는
우리가 가야 할 길

주 코로나19 사태로 21대 국회가 부여받은 소명은 통합의 정치라 했습니다. 여전히 경제개혁보다 정치개혁이 우선이라고 생각하나요?

채 정치구조개혁이 되어야 보다 많은 다수에 의해서 합의가 이루어지고, 그런 경제구조개혁이 가능해진다고 생각합니다. 경제구조개혁은 결국 기득권의 저항이 셀 수밖에 없고 그 상대가 재벌일 수도 있지만, 노동개혁에 대해서는 강력한 노조를 가지고 있는 대기업 노동자나 공공기관 노동자들이 오히려 기득권일 수 있는 거잖아요. 규제개혁 같은 경우도 지대를 추구하고 있는 공무원사회나 현재 사업을 하고 있는 기득권일 수도 있는 거죠.

그런 다양한 분야의 개혁을 이루어내기 위해서는 보다 많은 이해관계자들의 합의를 추구해야 되는 거고, 그 합의를 추구하는 과정이 합의제 민주주의이고, 다당제가 되어야 가능해지는 겁니다. 지금은 앞에 놓인 경제구조개혁의 과제들은 조금 뒤로 하고 먼저 정치구조개혁을 통해서 그 틀을 만드는 것이 훨씬 더 중요해요.

지금 민주당이 180석으로 단순히 개혁을 이룬다면 이 숫자의 힘이 깨어졌을 때는 쉽게 번복될 수 있는 것이지요. 보다 큰 정치적 합의의 틀을 만드는 것을 우선하고 성공한다면 경제구조개혁도 가능합니다.

주 만약 민주당이 21대 국회에서 정치개혁을 지렛대로 경제개혁을 견인한다면, 채 의원은 어떤 역할을 할 수 있습니까?

채 중도정당이 역할을 하는 정치 생태계가 공정한 경제 생태계를 견인할 것이라 확신해요. 2016년 제3지대를 만드는 실험이 성공해서 4년간 의정활동을 했습니다. 2020년은 실패했고요. 〈선거법〉 개정과 개헌을 하면 다당제가 가능해요. 2024년에 중도정당이 자리를 잡는 실험을 다시 시도해야 하고, 그때 실패하면 2030년에도 노력해봐야죠. 15년 프로젝트를 계획하고 있습니다.

주 시민운동가로서 소액주주운동을 통한 재벌개혁부터, 국회의원으로서 기업지배구조 개선으로 공정한 경제 생태계 만들기의 의정활동까지 이야기해봤습니다. 경제개혁에 박차를 가하기 위해 정치개혁이 선제적으로 필요하다는 이야기도 인상적이었고요. 코로나19 경제 위기에 따른 해법 찾기와, 위기를 기회로 삼아 공정한 경제체제로 전환하는 계기를 만들자는 이야기도 나눠봤습니다. 이 책을 읽는 많은 독자들이 충분히 공감하고 동의해줄 것이라 기대합니다.

이제 마지막 질문입니다. 독자들에게 다시 한 번 당부하고 싶은 말이 있을까요?

채ㅣ이번 인터뷰는 시민운동부터 지난 4년간의 의정활동까지 20여 년의 지난 삶을 되돌아볼 수 있어서 제게는 무척 의미가 있습니다. 경제개혁 반드시 필요합니다. 그러기 위해서 먼저 정치개혁을 해야 합니다. 주주의 힘으로 기업이 바뀌고, 국민의 힘으로 정치가 바뀝니다. 이제 저도 유권자의 한 사람으로 돌아갑니다. 하지만 경제 전문가의 한 사람으로, 공정하게 더불어 살아가는 삶을 꿈꾸는 한 사람으로 새로운 변화의 길을 포기하지 않겠습니다. 여러분도 우리의 정직한 경제를, 괜찮은 정치를 포기하지 말아주셨으면 합니다. 감사합니다.

에필로그

등원 직후 〈외부감사법〉 개정을 위해 동분서주할 때, 지난해 봄 대한항공 주주총회에서 경영진에게 날을 세웠을 때, 올해 초 〈인터넷전문은행법〉과 〈타다 금지법〉을 막기 위해 고군분투할 때 동료 의원들이 "왜 이렇게 순하게 생겨서 그토록 독하게 하냐?"는 말씀을 농담처럼 했습니다. 제게는 진담으로 들렸습니다. 맞는 말씀입니다.

저는 매 순간을 그렇게 살아왔습니다. 10살배기 철없는 나이였던 1985년 1월 원광대병원 수술실에서 삶과 죽음의 문턱에 섰던 경험 이후로 저에게는 하루하루가 온몸을 부딪쳐 세상을 확인하고 싶은 새로운 시간입니다. 제 삶은 저만의 것이 아니라 사회와 연결되어 있는 것입니다. 그렇게 회계사로, 시민활동가로, 국회의원으로 살았습니다.

지난 4년, 제3당의 비례대표로 지내는 1550일 동안 제게는 차가 없었고 수행비서가 없었습니다. 주로 지하철과 버스로, 자전거로 같은 시대를 살아가는 시민 동료들과 같은 땅 위에 발을 딛고 싶었기 때문입니다.

'세상이 바뀔 수 있을까?' 6호선 지하철을 타고 광흥창 역에 내려 통근 버스를 타는 출근길에서, 국회에 들어서면서 그때마다 주문을 외우듯이 스스로에게 물었습니다. 퇴근길에는 늘 이렇게 다짐했습니다. '죽을힘을 다해서 새로운 변화를 위해 노력할 때 가능하다!' 저는 앞으로도 그렇게 살아가겠습니다.

새로운 변화를 만드는 한 사람으로서 책임을 다하고 싶어 지난 4년의 시행착오와 고군분투를 기록으로 남깁니다. 경제개혁의 기치를 들고 시작했던 의정활동은 정치개혁이 우선이라는 깨달음으로 마무리합니다.

마지막으로, 지난 4년 동안 그리고 21대 총선 불출마를 선언한 후에도 아침 일찍 출근하고 임기 마지막 달까지 정책보고서를 만들고 정책토론회를 개최하는 저와 함께 일해준 의원실 동료들에게 미안함과 감사를 전합니다. 송시현·이미래 보좌관, 이광근·박진선 비서관, 이현영·장근영·손지민 비서 그리고 저와 20대 국회를 같이해준 정용해 보좌관, 신동승·김유환 비서. 제게 귀한 이름들입니다. 의정활동 기간의 모든 고군분투는 여러분이 있어 가능했습니다.

뒤죽박죽인 저의 생각과 말을 탁월하게 정리해준 인터뷰

어 주준형 님 감사합니다. 특히 왜 에필로그에 출판사에 대한 감사 인사가 들어가는지 알게 해준 헤이북스 윤미경 대표께는 무한한 존경을 드립니다.

새로운 길 위에서 또 뵙겠습니다. 고맙습니다.

2020년 5월
채 이 배

공정한 경제 생태계 만들기
채이배가 말하는 한국 경제 위기의 유일한 해법
© 채이배, 2020

펴낸날   1판 1쇄 2020년 6월 5일

지은이   채이배 (인터뷰 주준형)
펴낸이   윤미경

펴낸곳   헤이북스
출판등록 제2014-000031호
주소   경기도 성남시 분당구 황새울로 234, 607호
전화   031-603-6166
팩스   031-624-4284
이메일   heybooksblog@naver.com

책임편집 김영회
디자인   류지혜
제작   한영문화사

ISBN 979 11 88366 22 4 (03300)